SOBRE O SOFRIMENTO DO MUNDO

& OUTROS ENSAIOS

Livros do autor publicados pela **L&PM** EDITORES

Aforismos para a sabedoria de vida
A arte de escrever
Sobre a vontade na natureza
Sobre o sofrimento do mundo & outros ensaios

ARTHUR SCHOPENHAUER

SOBRE O SOFRIMENTO DO MUNDO

& OUTROS ENSAIOS

Tradução do alemão e apresentação de
Gabriel Valladão Silva

www.lpm.com.br

Coleção **L&PM** POCKET, vol. 1322

Texto de acordo com a nova ortografia.
Título original: *"Einige Betrachtungen über den Gegensatz des Dinges an sich und der Erscheinung", "Zur Lehre von der Unzerstörbarkeit unsers wahren Wesens durch den Tod", "Nachträge zur Lehre von der Nichtigkeit des Daseyns", "Nachträge zur Lehre vom Leiden der Welt", "Ueber den Selbstmord", "Nachträge zur Lehre von der Bejahung und Verneinung des Willens zum Leben", "Ueber Religion"*
Primeira edição na Coleção **L&PM** POCKET: setembro de 2019
Esta reimpressão: agosto de 2023

Tradução e apresentação: Gabriel Valladão Silva
Capa: Ivan Pinheiro Machado *Ilustração*: Latinstock Album Akg-Images
Preparação: Patrícia Yurgel
Revisão: Lia Cremonese

CIP-Brasil. Catalogação na publicação
Sindicato Nacional dos Editores de Livros, RJ.

S394s

Schopenhauer, Arthur, 1788-1860
   Sobre o sofrimento do mundo & outros ensaios / Arthur Schopenhauer ; tradução de Gabriel Valladão Silva. – Porto Alegre [RS]: L&PM Pocket, 2023.
   240 p. ; 18 cm.

   Tradução de: *"Einige Betrachtungen über den Gegensatz des Dinges an sich und der Erscheinung", "Zur Lehre von der Unzerstörbarkeit unsers wahren Wesens durch den Tod", "Nachträge zur Lehre von der Nichtigkeit des Daseyns", "Nachträge zur Lehre vom Leiden der Welt", "Ueber den Selbstmord", "Nachträge zur Lehre von der Bejahung und Verneinung des Willens zum Leben", "Ueber Religion"*
   ISBN 978-85-254-3871-3

   1. Filosofia alemã - Discursos, ensaios e conferências. I. Silva, Gabriel Valladão. II. Título.

19-58156	CDD: 193	
	CDU: 101(43)	

Vanessa Mafra Xavier Salgado - Bibliotecária - CRB-7/6644

© da tradução, L&PM Editores, 2018

Todos os direitos desta edição reservados a L&PM Editores
Rua Comendador Coruja, 314, loja 9 – Floresta – 90220-180
Porto Alegre – RS – Brasil / Fone: 51.3225.5777

PEDIDOS & DEPTO. COMERCIAL: vendas@lpm.com.br
FALE CONOSCO: info@lpm.com.br
www.lpm.com.br

Impresso no Brasil
Inverno de 2023

Apresentação

PENSAMENTO ORGÂNICO E SOLIDÃO

Gabriel Valladão Silva[1]

A presente coletânea de ensaios contém textos selecionados do segundo volume de *Parerga e paralipomena* (1851), a última obra de Arthur Schopenhauer (1788-1860) publicada em vida. Já o seu título ("adendos e suplementos" em latim) anuncia que não se trata aqui de um pensamento novo. Diferentemente de outros filósofos, a obra de Schopenhauer surpreende por sua extraordinária coerência na persecução daquilo que ele mesmo, já no prefácio à primeira edição de sua obra magna, *O mundo como vontade e representação* (1818), chama de "pensamento único". Enquanto um sistema filosófico – explica ele aqui – é comparável a um edifício cujas partes vão sendo construídas uma sobre a outra, de modo que todas se sustentam sobre alguns poucos princípios fundamentais, sua filosofia inteira nada mais seria que o desdobramento de uma única noção. Em vez de ser construída de baixo para cima, ela se desenvolveria uniformemente para todos os lados, à maneira de um organismo. Por isso, muito embora leitores perspicazes tenham apontado discrepâncias em sua argumentação, reencontramos, não obstante, por toda parte, sempre o mesmo ponto

---

1. Gabriel Valladão Silva é mestre em filosofia pela UNICAMP e doutor pela Universidade Técnica de Berlim. É tradutor de Nietzsche e Schopenhauer, entre outros.

de vista fundamental, que é também o que dá o título à sua obra principal: o mundo inteiro é, por um lado, representação, e, por outro, vontade.

Portanto, para uma leitura mais proveitosa dos ensaios aqui reunidos, é importante saber que, ao lermos estes excertos da obra mais tardia de Schopenhauer, nos encontramos na periferia mais extrema desse todo orgânico que sua filosofia pretende ser. Se esta última, como diz o próprio autor, é comparável a um organismo, pode-se dizer que *Parerga e paralipomena* constitui como que a sua pele, isto é, o órgão que se encontra mais distante do cerne de onde emana a vitalidade que anima o corpo todo, mas que também, justamente por isso, está em contato mais imediato com o mundo exterior. Correspondentemente, vemos o filósofo contemplar aqui os mais variados objetos do mundo da experiência. O recorte temático da presente coletânea deu preferência a textos de teor mais "existencial", como a existência após a morte, o sentido da vida e o sofrimento a ela inerente, o direito ao suicídio e o valor da religiosidade. De modo geral, porém, *Parerga e paralipomena* é de um ecletismo tremendo, abordando desde fenômenos de aparições de espíritos até temas jurídicos, filológicos e pedagógicos, passando inclusive por reflexões curiosas, como sobre a suposta correlação entre sensibilidade auditiva e superioridade intelectual.

Contudo, como no caso de nossa pele, os nervos desse órgão sensório não deixam de se comunicar a todo instante com o centro nervoso da filosofia schopenhaueriana, o mencionado "pensamento único" que Schopenhauer já estabelecera mais de trinta anos antes. É a esse ponto que são reconduzidas todas as experiências feitas pelo autor em *Parerga e paralipomena*. Por isso, creio ser proveitoso expor brevemente esse cerne da metafísica schopenhaueriana, para que o leitor tenha uma noção do ponto de onde partem e para onde também convergem as considerações tão diversas reunidas nos escritos que aqui apresentamos.

A obra magna de Schopenhauer divide-se em quatro livros. O primeiro deles apresenta uma teoria do conhecimento idealista inspirada em Kant. Aqui, o filósofo demonstra que toda nossa experiência do mundo é regida unicamente pelo princípio de razão suficiente, cujas formas básicas são tempo e espaço, causalidade, razão de conhecer e motivação. Como esse princípio, que rege todas as conexões possíveis entre os elementos de nossa experiência, não é uma propriedade das coisas em si mesmas, mas uma função transcendental de nosso intelecto (ou seja, um princípio formal que precede a experiência e é dela condição), o mundo que aparece por meio dele, cheio de coisas diferentes distribuídas no espaço e no tempo e conectadas pelo elo da causalidade, não existe em si mesmo, fora do intelecto, mas é apenas uma *representação* produzida pelo último com base nos dados da sensação.

No segundo livro – sua metafísica da natureza –, Schopenhauer tentará desvendar o que esse mundo poderia ser em si mesmo, além do fato de ser representação para um intelecto. Para tanto, ele recorre à consciência que temos de nós mesmos, perguntando-se: o que sou eu para mim mesmo, além de um corpo extenso que se move no espaço e dura no tempo, dotado de mãos, pés, coração, de um cérebro que pensa, de olhos, ouvidos etc.? Quer dizer: o que sou eu além da representação de um corpo humano e de um intelecto que apreende essa representação por meio dos sentidos? A resposta de Schopenhauer é: além dessa minha forma externa e da percepção dessa forma, no meu cerne mais íntimo, ainda sou alguma coisa, e essa coisa eu chamo de *vontade*. Minha *essência*, que se manifesta em meu corpo e em meu intelecto, que se desdobra no mundo da representação sob a forma de ações de toda espécie, é um puro querer incessante, sem objeto ou objetivo definidos.

Mas e o resto do mundo? Será ele só essa representação em minha cabeça, ou será ele, como eu, também algo além disso? Ora, observando a mim mesmo descobri que a única realidade essencial que podia atribuir a mim era a de uma vontade. Não serão, portanto, as demais coisas do mundo também essencialmente vontade? Pois não vejo as demais pessoas também agindo da mesma maneira que eu, movidas por impulsos, desejos etc.? E também os animais? E mesmo as plantas – não há nelas um impulso que as impele a procurar luz, água e nutrientes? E nas forças da natureza inorgânica – não é possível observar também nelas algo como um anseio embotado, desprovido de qualquer consciência? Não anseia o ímã por se unir com o ferro? Não vejo o Sol e os planetas interagindo por meio da gravidade? A partir dessa analogia, Schopenhauer conclui que, se o mundo tiver alguma essência, esta será, como em mim, uma *vontade*; que, como eu mesmo, também o mundo inteiro, além de representação, é essencialmente vontade.

E mais: dado que todas as diferenças de tempo e espaço entre as coisas são produzidas pelo meu intelecto, é preciso que todas as diferentes vontades que nelas se manifestam sejam, íntima e essencialmente, fora da representação, *uma e a mesma*. O mundo inteiro, em toda sua inesgotável variedade, é, para Schopenhauer, a manifestação de uma vontade única que se desdobra em inúmeras figuras em espaço e tempo, as quais agora anseiam umas pelas outras e se devoram mutuamente: "pois não há nada além dela [i.e., da vontade como coisa em si], e ela é uma vontade faminta. Daí a caça, a angústia e o sofrimento".[2]

É dessa doutrina que decorre outra característica fundamental da filosofia de Schopenhauer, talvez o seu traço mais conhecido, o qual também se vê representado nesta coletânea: o *pessimismo*. Como o mundo é essencialmente vontade, isto é, carência, necessidade, toda satisfação é ilusória, e, no fundo, é sempre a mesma vontade que crava os dentes na própria carne. É da libertação em relação a essa existência, cujo tom fundamental é o sofrimento, que tratarão o terceiro e quarto livros de *O mundo como vontade e representação*.

O terceiro livro dedica-se a mostrar como na contemplação estética nos vemos temporariamente libertos de nosso incessante querer. É como se nela as formas do princípio de razão suficiente fossem suspensas por um momento e fôssemos capazes de contemplar um dado objeto como pura representação, pura forma, sem relacioná-lo com nossos desejos e carências. Por isso, o prazer que sentimos ao contemplar a natureza ou uma obra de arte é, segundo Schopenhauer, meramente negativo,

---

2. *O mundo como vontade e representação I*, § 28.

pois coincide com a suspensão da vontade, que é a fonte de nosso sofrimento.

Por fim, no quarto livro, que se ocupa da moral, Schopenhauer tratará da figura do *santo*. O santo é aquele que, da maneira mais imediata e intuitiva, é capaz de erguer o véu da representação e vislumbrar a realidade essencial do mundo, a saber, que tudo e todos somos, no fundo, um só; que o sofrimento de um, portanto, é também o sofrimento de todos os demais. O santo é capaz de intuir a pura vontade como coisa em si, fora de qualquer representação. Dessa percepção decorre, na prática, em um primeiro momento, a *compaixão*: o santo ama o outro como a si mesmo porque a diferença entre ele e os demais deixou de fazer sentido para ele. Por fim, no último estágio da compreensão moral do mundo, o asceta, tendo aprendido a desprezar seu corpo e seus vãos desejos, *nega a vontade* que, não obstante, é sua própria essência. Ele deixa de querer e, portanto, de agir, e seu corpo definha como um invólucro vazio. Para Schopenhauer, a negação da vontade é a única via para a redenção deste mundo de carência e sofrimento.

Os escritos aqui coligidos refletem, portanto, diversos aspectos desse cerne do pensamento de Schopenhauer que acabamos de apresentar; ou melhor, eles são, essencialmente, a aplicação dessa sua doutrina a temáticas as mais variadas. Essa coerência e continuidade que salta aos olhos quando lemos suas obras é impressionante, principalmente se a compararmos à produção de outros filósofos, tais como Kant, que, aos 57 anos de idade, rompeu um período de silêncio de dez anos com a publicação da *Crítica da razão pura* (1781), obra que representa não apenas uma revolução em seu próprio pensamento, mas a inauguração de toda uma nova fase da filosofia moderna, ou Nietzsche, que em pouco mais de dez anos produziu uma obra tão diversa que escapa de qualquer classificação unívoca. No entanto, é preciso ter em mente que essa coesão repousa apenas em parte sobre uma real inflexibilidade do pensamento de Schopenhauer. Já dissemos que leitores mais cuidadosos souberam apontar discrepâncias entre suas obras – mas já o fato de ser necessário aqui um olhar mais detido para encontrá-las denota o zelo extraordinário com que Schopenhauer se empenhava em encobri-las, atualizando e modificando, a cada nova edição, suas obras anteriores, para mantê-las em harmonia com as que ia publicando. É como se o conjunto de sua obra, como o organismo que pretende ser, não crescesse simplesmente aumentando em volume, mas se renovasse incessantemente em todas as suas partes à medida que amadurecia.

Dessa breve exposição já é possível apreender alguns traços da peculiar personalidade desse filósofo: trata-se de um homem obstinado, dotado de uma autoconfiança inabalável – traços estes que não apenas se refletem no estilo mordaz de seus textos, mas também em sua própria trajetória como filósofo. Já desde sua juventude, Schopenhauer (aliás, meio "duro de ouvido") demonstrava uma certa tendência ao isolamento, a qual aparentemente só cresceu com a idade. Muito caracteristicamente, vemo-lo dar, em um trecho do capítulo "Sobre a filosofia e seu método" de *Parerga e paralipomena*, sua opinião sobre o diálogo e seu valor para o pensamento filosófico: que ele é como uma máquina de peças heterogêneas, que mais confunde do que esclarece as ideias; enquanto a reflexão do indivíduo consigo mesmo é comparada a um todo unitário e orgânico – precisamente a imagem que ele utilizara, décadas antes, para descrever sua própria filosofia.[3]

Já Arthur Hübscher, responsável pela primeira edição crítica das obras de Schopenhauer, lamentou essa tendência do filósofo ao isolamento em relação aos seus contemporâneos. A primeira metade do século XIX, chamada pelo biógrafo Rüdiger Safranski de "os anos selvagens da filosofia", foi uma época extremamente produtiva para a intelectualidade alemã, e quase todos os seus grandes representantes mantiveram um intenso contato entre si. Já Schopenhauer evitou o diálogo com toda essa efervescente cultura alemã, e também em sua obra não deixou de manifestar reiteradas vezes um desprezo profundo por seus contemporâneos, especialmente os membros da comunidade acadêmica.

Por mais que seja possível apontar influências contemporâneas na obra de Schopenhauer (especialmente no campo das ciências da natureza), seus parceiros de diálogo privilegiados pertenciam quase sempre a outros tempos e lugares: das três grandes influências de sua filosofia que ele menciona repetidamente, apenas uma – Kant – é um filósofo alemão moderno, ao passo que as outras duas, o "divo Platão" e a "vetusta sabedoria hindu" da filosofia védica, vinham de terras distantes e de eras remotas. E mesmo

---

3. Também no presente volume temos, no estilo pouco realista de seus textos dialógicos, um indício de como a reflexão filosófica de Schopenhauer se baseia na introspecção: as personagens têm falas longuíssimas, fazem citações literais com referência e até incluem notas de rodapé em seus discursos.

Kant, assim como os outros poucos filósofos modernos que Schopenhauer respeitava (Locke ou Hume, por exemplo, ambos ingleses), não pertence à sua geração. O único contemporâneo e conterrâneo que Schopenhauer realmente admirou durante toda a vida, Goethe, era quase quarenta anos mais velho que ele, e mesmo com essa figura paterna a relação não deixou de ter suas conturbações.

Mas não era apenas como leitor voltado para as grandes obras do passado que Schopenhauer evitava o presente. Também como autor ele não se dirigia a seus contemporâneos, mas dizia escrever para gerações futuras: "A minha doutrina", afirma ele na introdução de seu escrito *Sobre a vontade na natureza*, "não reclama de modo algum para si o nome de 'filosofia do tempo presente', [...] mas sim o de filosofia do tempo vindouro". Schopenhauer não se envolveu em nenhuma das muitas querelas filosóficas de seu tempo; também as críticas ao seu próprio sistema feitas em resenhas de suas obras ficaram sem resposta. Ele mesmo, porém, atribuía o insucesso de sua filosofia a um silenciamento premeditado e conspiratório dos "professores de filosofia". Estes, afirmava, teriam interesse em suprimi-la, dado que ela, sendo a única verdadeira, comprovaria a falsidade de todas as demais.

Alguns interpretaram essa hostilidade de Schopenhauer em relação a tudo que lhe fosse contemporâneo como sinal de uma certa frustração. De fato, os futuros leitores por ele idealizados podem ser vistos como uma compensação para a falta de leitores presentes; igualmente, seu isolamento em relação à Academia, que ele apresenta repetidamente como fruto de um puro desprezo, pode ter em parte a ver com o fracasso de suas tentativas de adentrá-la. Seja como for, após lecionar apenas um semestre na Universidade de Berlim como docente livre (i.e., sem titularidade), em que também se viu confrontado com o sucesso astronômico de G.W.F. Hegel, Schopenhauer mudou-se em 1833 para Frankfurt am Main, onde viveu até o fim da vida dos rendimentos da herança deixada por seu pai – um comerciante relativamente rico, que falecera quando ele tinha dezessete anos. Assim, acreditava ele, vivia *para* a filosofia, enquanto os filósofos acadêmicos, que precisavam viver *da* filosofia, tinham de servir também a outros mestres, especialmente o Estado e a Igreja.

Os dois volumes de *Parerga e paralipomena*, finalmente, são produto de uma época da vida de Schopenhauer em que o conflito entre a consciência de seu próprio valor e a constante luta frustrada por reconhecimento chegava ao fim. Em 1839, seu ensaio *Sobre o fundamento da moral* fora premiado pela Sociedade Real Norueguesa de Ciências. Também o escrito *Sobre a vontade na natureza* (1836) e a nova edição de sua obra magna (1844), que incluía um segundo volume (também de adendos e complementos ao primeiro volume de 1818), tiveram uma recepção positiva. *Parerga e paralipomena*, enfim, com sua forma ensaística, seu grande ecletismo e seu estilo rico e variado, foi a obra que lançaria Schopenhauer à fama propriamente dita.

Diante desse novo sucesso, vemo-lo vangloriar-se no prefácio à segunda edição de *Sobre a vontade na natureza* (1854): "devo partilhar uma notícia ruim com os professores de filosofia: o que eles temiam acima de tudo [...] realizou-se: começaram a ler-me – e não mais cessarão". – E, de fato, aquele futuro com que Schopenhauer sonhara parecia estar se concretizando: a segunda metade do século XIX foi marcada por uma influência descomunal da filosofia schopenhaueriana no mundo inteiro. Com exceção talvez de Nietzsche (ele mesmo, quando jovem, discípulo confesso de Schopenhauer), não há outro filósofo que tenha tido uma influência ao mesmo tempo tão grande e tão variada, gozando de leitores da envergadura de Wittgenstein, Bergson e Max Horkheimer na filosofia; de Albert Einstein na física; de Freud e Jung na psicologia; de Richard Wagner na música; de Maupassant, Tolstói, Thomas Mann e Kafka na literatura, entre muitos outros. Até mesmo no Brasil Schopenhauer foi recebido por grandes escritores como Machado de Assis e Augusto dos Anjos e por filósofos como Tobias Barreto e Farias Brito. Infelizmente, porém, ele não pôde chegar a conhecer as verdadeiras dimensões de seu sucesso, já que faleceria nove anos depois da publicação de *Parerga e paralipomena*, no outono de 1860, aos 72 anos de idade.

É talvez no estilo, mais do que no conteúdo desta sua obra tardia (a qual, como dito, não contém nenhuma modificação substancial de sua doutrina), que se notam os reflexos mais nítidos dessa nova fase da vida de Schopenhauer. Ele mesmo mostra-se consciente dessa mudança estilística quando adverte, no prefácio à segunda edição de *Über die vierfache Wurzel des Satzes vom zureichenden Grunde* [Sobre a quadrúplice raiz do princípio de razão suficiente] (1847), que o leitor reconheceria ali "a grande distância entre o tom suave, humilde do jovem" – que defendera esse trabalho em 1813 como tese de doutoramento – e "a voz firme, mas por vezes um tanto áspera, do velho". Também nos textos aqui reunidos encontramos essas características do velho Schopenhauer: de um lado, uma segurança extrema na escrita, que às vezes beira a negligência, de modo que em certos pontos temos a impressão de ler um punhado de anotações espontâneas, mais do que um ensaio coerente; de outro, uma rispidez que volta e meia chega a degenerar em uma verdadeira arrogância casmurra, graças à qual críticas de outra maneira pertinentes tendem por vezes a tomar a forma de meros insultos.

A primeira dessas características aproxima seu texto, em alguns momentos, da forma aforística, que também inspirou Nietzsche – e outros após ele. Ela revela um autor maduro, seguro de suas ideias e firme em suas convicções, capaz de condensar seus pensamentos em algumas poucas sentenças. A segunda, porém – a aspereza, a rabugice –, levou Schopenhauer a certos exageros que prejudicam sua própria argumentação. É o caso, visível na presente coletânea, do antissemitismo de Schopenhauer, que degenera, aqui, de uma simples divergência teórica com o teísmo para a reprodução dos mais baixos preconceitos para com o povo judeu, chamado de desonesto, mentiroso e ladrão. Não obstante, tendo-se em conta o cabível distanciamento que se deve ter em relação a um escrito composto há mais de um século e meio atrás – o que, naturalmente, não significa isentar o autor de suas falhas, já que justamente o filósofo, mais do que qualquer outro, tem a obrigação de não se deixar ofuscar pelos preconceitos de seu próprio tempo (do que, aliás, Schopenhauer demonstrou ser capaz em diversos outros assuntos) –, os textos aqui reunidos contêm também reflexões profundas sobre temas que dizem respeito a todos nós, e com os quais, enquanto seres pensantes, temos de nos confrontar.

Por fim, uma pequena observação acerca do trabalho de tradução. A pesquisa sobre Schopenhauer no Brasil, embora tendo começado relativamente tarde, tem feito grandes avanços nos últimos tempos. Por consequência disso, os textos do filósofo vêm sendo objeto de traduções filológica e conceitualmente rigorosas de boa qualidade. Dado, porém, que não se trata aqui de uma edição crítica, mas sim de uma coletânea de ensaios, procurei, na tradução, aproximar do leitor brasileiro aspectos da obra do autor que dificilmente podem ser vertidos quando se dá preferência irrestrita ao rigor conceitual. Este, embora indispensável para a pesquisa, não apenas tende a tornar a leitura pesada e desagradável, mas desvia a atenção do elemento linguístico e discursivo, igualmente essencial a qualquer texto filosófico.

Com isso em mente, tentei reproduzir em português brasileiro o tom, o ritmo, enfim, o estilo peculiar destes escritos – um proceder que, a meu ver, se justifica tanto mais no presente caso, tendo em vista a própria natureza dos textos, que, como já dito, têm um caráter livre e espontâneo, por vezes até descuidado, estando, também no original, longe do rigor conceitual que costumamos associar a textos filosóficos. Ademais, Schopenhauer escreve, ele mesmo, que "o *estilo* é a *fisionomia* do espírito", isto é, a "constituição *formal*", a "*qualidade*" do pensamento de um autor: enquanto para saber *o que* este pensou seria preciso ler tudo que ele escreveu, o estilo permite reconhecer, em "poucas páginas", *como* ele pensa, isto é, seu modo de apreender as coisas, que permanecerá característico, independentemente do objeto ao qual venha a ser aplicado. É, pois, essa "qualidade" do modo de pensar e escrever do próprio Schopenhauer que me esforcei por tornar acessível na tradução dos ensaios que compõem as "poucas páginas" da presente coletânea, na esperança de que o leitor brasileiro possa conhecer um pouco mais não apenas *do que* ele pensou, mas também de *como* pensava.

Berlim, 13 de agosto de 2017

Sumário

Considerações sobre a oposição entre coisa em si e fenômeno 21
Sobre a indestrutibilidade de nossa verdadeira essência pela morte 34
Sobre a nulidade da existência 58
Sobre o sofrimento do mundo 70
Sobre o suicídio 93
Sobre a afirmação e negação da vontade de vida 102
Sobre religião 120

Considerações sobre a oposição entre coisa em si e fenômeno[1]

§ 1.

Coisa em si significa aquilo que está presente independentemente de nossa percepção, portanto, aquilo que propriamente é. Para Demócrito, ela era a matéria dotada de forma; e, no fundo, era-o ainda para *Locke*; para *Kant*, era = x; para mim, ela é *vontade*.

Que *Demócrito* já tomava a questão totalmente nesse sentido, ocupando, por isso, o primeiro lugar nessa sequência, é atestado pela seguinte passagem de Sexto Empírico (*Adversus mathematicos* [Contra os matemáticos] L, VII, § 135), que tinha as obras do próprio Demócrito diante de si e, na maioria das vezes, cita-as literalmente:

Δημοκριτος δε ότι μεν αναιρει τα φαινομενα ταις αισθησεσιν, και τουτων λεγει μηδεν φαινεσθαι κατ' αληθειαν, αλλα μονον κατα δοξαν· αληθες δε εν τοις ουσιν ὑπαρχειν το ατομους ειναι και κενον etc. (*Democritus autem ea quidem tollit, quae apparent sensibus, et ex iis dicit nihil ut vere est apparere, sed solum ex opinione; verum autem esse in iis, quae sunt, atomos et inane.*) [Demócrito, porém, porque ele nega aquilo que aparece aos sentidos e afirma que nada disso aparece tal como verdadeiramente é, mas apenas tal como pensamos ser; mas na verdade estaria realmente

---

1. Correspondente ao capítulo 4 do vol. II de *Parerga e paralipomena*. (N.T.)

presente a existência dos átomos e do vazio...] Eu recomendo que se confira a passagem inteira, onde, mais adiante, ainda aparece o seguinte: ετεη μεν νυν οίον έκαστον εστιν, η ουκ εστιν, ου συνιεμεν· (*vere quidem nos, quale sit vel non sit unumquodque, neutiquam intellegimus*) [...portanto, não conhecemos realmente como algo é ou não constituído], assim como: ετεη οίον έκαστον (εστι) γιγνωσκειν εν απορω εστι· (*vere scire, quale sit unumquodque, in dubio est*) [a constituição verdadeira de qualquer coisa é difícil de conhecer]. Ora, tudo isso quer dizer justamente: "não conhecemos as coisas segundo aquilo que elas venham a ser em si, mas apenas tal como elas aparecem", e inaugura a série acima mencionada, que parte do materialismo mais resoluto, mas que leva ao idealismo e se encerra comigo. Encontramos uma distinção especialmente nítida e determinada entre coisa em si e fenômeno, na verdade até mesmo em sentido kantiano, em uma passagem de *Porfírio*, conservada por Estobeu no vigésimo terceiro capítulo de seu primeiro livro, fragmento 3. Nela lê-se: Τα κατηγορουμενα του αἰσθητου και ἐνυλου ἀληθως ἐστι ταυτα, το παντη εἰναι διαπεφορημενον, το μεταβλητον εἰναι (...). Του δε ὀντως ὀντος και καθ᾽ αὐτο ὑφεστηκοτος αὐτου, το εἰναι ἀει ἐν ἑαυτῳ ἰδρυμενον· ὡσαυτος το κατα ταυτα ἐχειν κ.τ.λ. [Quando se diz acerca do que é sensível e material que é estendido para todos os lados e mutável, esse é realmente o caso (...). Mas aquilo que verdadeiramente é e que subsiste em si é fundado eternamente em si mesmo e permanece sempre idêntico a si etc.] (*Estobeu*, vol. II, p. 716.)

§ 2.

Assim como conhecemos apenas a superfície do globo terrestre, mas não a grande massa sólida de seu interior, também não conhecemos absolutamente nada das coisas e do mundo de maneira empírica, além de sua mera *manifestação fenomênica*, isto é, sua superfície. O conhecimento preciso desta é a *física*, tomada no sentido mais amplo. Que, porém, essa superfície pressuponha um interior que não seja apenas bidimensional, mas que tenha um conteúdo dotado de volume, é, juntamente com inferências acerca da sua constituição, o tema da *metafísica*. Querer construir a essência em si mesma das coisas segundo as leis do mero fenômeno é uma empreitada comparável a querer construir um corpo estereométrico utilizando apenas planos e suas leis. Toda filosofia *dogmática transcendente* é uma tentativa de construir a *coisa em si* segundo as leis de sua *manifestação fenomênica*; o que, no fim das contas, é como tentar cobrir duas figuras absolutamente dessemelhantes uma com a outra, o que sempre fracassa, uma vez que, como quer que se as gire, ora esta, ora aquela aresta restará descoberta.

§ 3.

Uma vez que todo e qualquer ente na natureza é simultaneamente *fenômeno* e *coisa em si*, ou também *natura naturata* e *natura naturans* [natureza naturada e natureza naturante][2], todos são, consequentemente, passíveis de uma dupla explicação, uma *física*, e

---

2. Expressões de Espinosa. (N.T.)

outra *metafísica*. A explicação física é feita sempre a partir da *causa*; a metafísica, a partir da *vontade*: pois é esta que se apresenta como *força da natureza* na natureza desprovida de cognição, num patamar mais elevado como *força vital*, mas que apenas no animal e no ser humano recebe o nome de *vontade*. Consequentemente, a rigor, o grau e a orientação da inteligência de uma dada pessoa e a constituição moral de seu caráter também poderiam ser inferidos de maneira puramente *física*, a saber, os primeiros a partir da constituição de seu cérebro e sistema nervoso, juntamente com a circulação sanguínea que sobre ele influi; e a última a partir da constituição de seu coração, sistema vascular, sangue, pulmões, fígado, baço, rins, intestinos, genitálias etc., e da cooperação entre eles – o que, porém, sem dúvida, exigiria um conhecimento muito mais preciso das leis que regulam o *rapport du physique au moral* [relação entre o físico e o moral][3] do que até o de Bichat e Cabanis (cf. o § 102).[4] Em seguida, ambos ainda se deixariam reconduzir à causa física mais afastada, a saber, a constituição de seus pais, uma vez que estes só puderam fornecer o germe para um ente igual a eles, mas não para um que fosse superior e melhor. Em contrapartida, em nível *metafísico*, a mesma pessoa precisaria ser explicada como a manifestação fenomênica de sua própria vontade completamente

---

3. Referência à obra *Rapports du physique et du moral de l'homme* (1802), de Cabanis. (N.T.)
4. Schopenhauer refere-se a uma passagem do capítulo *Sobre a filosofia e a ciência da natureza* do segundo volume de *Parerga e paralipomena*, não incluso nesta edição, em que ele discute, entre outras coisas, as possíveis influências de processos fisiológicos sobre estados psicológicos. (N.T.)

livre e originária, a qual criou para si o intelecto a ela adequado; razão pela qual suas ações, por mais que surjam necessariamente a partir de seu caráter posto em conflito com os motivos dados, e este, por sua vez, como resultado de sua corporização, devem, não obstante, ser atribuídas inteiramente a ela. No entanto, em nível metafísico, tampouco a diferença entre essa pessoa e seus pais é absoluta.

§ 4.

Todo *entender* é um ato do *representar* e permanece, por isso, essencialmente no território da *representação*: ora, uma vez que esta só fornece *fenômenos*, o entender encontra-se limitado a eles. Onde a *coisa em si* começa, termina o *fenômeno*, consequentemente também a representação, e, com ela, a compreensão. Aqui, porém, entra em seu lugar a própria *essência*, a qual se torna consciente de si mesma como *vontade*. Fosse esse tornar-se consciente de si algo imediato, então teríamos um conhecimento plenamente adequado da coisa em si. Como, porém, ele é mediado pelo fato de a vontade criar para si o corpo orgânico e, por meio de uma parte deste, também um intelecto, somente então, através deste último, encontrando-se e reconhecendo-se como vontade na autoconsciência, esse conhecimento da coisa em si é condicionado primeiramente pela decomposição em algo que conhece e algo que é conhecido, aí já contida, e em seguida também pela forma do *tempo*, inseparável da autoconsciência cerebral – logo, ele não é plenamente exaustivo e adequado. (Compare-se com isso o cap. 18 do vol. II de minha obra magna.)

A isso liga-se a verdade exposta em meu escrito *Über den Willen in der Natur [Sobre a vontade na natureza]*, sob a rubrica "Astronomia física", p. 86, segundo a qual quanto mais nítida for a inteligibilidade de um evento ou relação, este encontrar-se-á tanto mais no mero fenômeno, não dizendo respeito à essência em si.

A diferença entre coisa em si e fenômeno também pode ser expressa como a diferença entre as essências *subjetiva* e *objetiva* de uma coisa. Sua essência puramente *subjetiva* é, justamente, a coisa em si: esta, porém, não é objeto do conhecimento. Pois a um tal objeto é essencial estar sempre presente em uma consciência cognoscente, como sua representação: e o que se apresenta nesta última é justamente a essência *objetiva* da coisa. Por conseguinte, esta é objeto do conhecimento: apenas que, enquanto tal, ela é mera representação; e, como ela só pode sê-lo por meio de um aparato que a represente, o qual precisa ter sua própria constituição e as leis provenientes desta, essa essência objetiva haverá de ser um mero fenômeno, o qual pode eventualmente remeter a uma coisa em si. Isso vale mesmo quando se trata de uma autoconsciência, isto é, de um eu que se conhece a si mesmo. Pois também este se conhece apenas em seu intelecto, isto é, em seu aparato de representação, e isso por meio do sentido externo, como figura orgânica, e do interno, como vontade, cujos atos ele vê serem repetidos por aquela figura com a mesma simultaneidade com que os desta o são por sua sombra, donde ele conclui a identidade de ambas, chamando-a de eu. Devido a essa dupla cognição, porém, assim como por causa da grande proximidade que o intelecto mantém aqui em relação à vontade, que é sua origem, ou raiz, a essência objetiva assim conhecida, portanto o fenômeno, é muito menos diferente da essência subjetiva, isto é, da coisa em si, do que no conhecimento por meio do sentido externo ou na consciência de outras coisas, em oposição à autoconsciência. Pois a esta, na medida em que conhece unicamente por meio do sentido interno, não adere mais a forma do espaço, mas apenas a do tempo, sendo esta última, portanto, juntamente com a divisão em sujeito e objeto, a única coisa que separa a autoconsciência da coisa em si.

§ 5.

Se observarmos e considerarmos algum ente qualquer da natureza, por exemplo um animal, em seu modo de existir, viver e agir, este nos parecerá um mistério insondável, apesar de tudo o que a zoologia e a zootomia ensinam a respeito dele. Mas deveria a natureza, por mera obstinação, calar para sempre diante de nosso questionamento? Não é ela – como tudo que é grande – aberta, comunicativa e até mesmo ingênua? Consequentemente, será mesmo possível que ela omita sua resposta por alguma outra razão que não a de que a pergunta tenha sido equivocada, enviesada, que ela tenha partido de falsos pressupostos, ou até mesmo abrigasse uma contradição? Pois será pensável que exista um nexo de razões e consequências lá, onde este tenha de permanecer para sempre e essencialmente oculto? – Certamente que não. Pelo contrário, o insondável o é porque investigamos razões e consequências em um território ao qual essa forma é estranha, de modo que seguimos uma pista completamente falsa pela cadeia de razões e consequências. Pois procuramos alcançar a essência íntima da natureza, que vem ao nosso encontro em cada fenômeno, seguindo o fio condutor do princípio de razão – enquanto, na verdade, este é a mera forma com que nosso intelecto apreende o fenômeno, isto é, a superfície das coisas: nós, porém, queremos com ele transcender o fenômeno. Pois no interior deste ele é utilizável e suficiente. Nele, a existência de um dado animal, por exemplo, pode ser explicada – a partir de sua concepção. Pois, no fundo, esta não é mais misteriosa do que a ocorrência de qualquer outro efeito, até do mais simples, a partir de sua causa; uma vez que também no mais simples dos casos a explicação se deparará, ao fim, com o incompreensível. Que na concepção nos faltem alguns membros intermediários a mais para a composição do nexo não muda nada de essencial: pois, mesmo que os conhecêssemos, não deixaríamos de nos deparar com o incompreensível. Tudo porque o fenômeno permanece sendo fenômeno e não se torna coisa em si.

A essência íntima das coisas é estranha ao princípio de razão. Ela é a coisa em si, e esta, por sua vez, é pura *vontade*. A vontade, porém, é porque quer, e quer porque é. Ela é o que há de plenamente real em cada ente.

§ 6.

O caráter fundamental de todas as coisas é a transitoriedade: vemos tudo na natureza, do metal ao organismo, desgastar-se e consumir-se, em parte pela própria existência, em parte por meio do conflito com outras coisas. Sendo assim, como poderia a natureza

suportar, sem se extenuar, a manutenção das formas e a renovação dos indivíduos, a repetição infindável do processo vital, através de um tempo infinito, se seu próprio cerne não fosse atemporal e, graças a isso, completamente inesgotável, uma coisa em si de espécie completamente diferente de seus fenômenos, algo metafísico, heterogêneo a tudo quanto é físico?
– Esse cerne é a *vontade* em nós e em tudo.

Em cada ser vivo encontra-se o *centro do mundo* inteiro. Por isso a própria existência é para cada um o mesmo que o todo. Sobre isso baseia-se também o *egoísmo*. Crer que a morte nos destruiria é altamente ridículo, já que toda existência parte unicamente de nós. (Cf. *Die Welt als Wille und Vorstellung [O mundo como vontade e representação]* II, p. 496 s.)

§ 7.

Queixamo-nos da obscuridade em que levamos a vida, sem entender o nexo que vincula a existência como um todo, e especialmente o nexo de nós mesmos com o todo; de modo que não apenas nossa vida é curta, mas também nosso conhecimento se encontra totalmente limitado a ela – já que não podemos ver nem antes do nascimento, nem para além da morte, sendo nossa consciência, portanto, apenas como um raio que ilumina a noite por um instante; isso, deveras, dá a impressão de que um demônio nos teria obstruído maliciosamente o acesso a todo saber ulterior para entreter-se com nosso desconcerto.

Contudo, na verdade, essa queixa não é justificada: ela provém de uma ilusão, induzida pela perspectiva fundamental equivocada segundo a qual o todo das coisas teria partido de um *intelecto* e que, por conseguinte, teria existido como mera *representação* antes de se tornar efetivo; de modo que esse todo, tendo se originado no conhecimento, também precisaria ser completamente acessível a este e passível de ser escrutado por ele de modo exaustivo. – Mas, na verdade, o caso haverá de ser, muito antes, que tudo aquilo de cuja ignorância nos queixamos não é sabido por ninguém, que nem mesmo seria possível sabê-lo, isto é, representá-lo em si mesmo. Pois a *representação*, em cujo território se encontra todo conhecer e à qual, consequentemente, todo saber remete, é apenas o lado externo da existência, algo secundário, agregado, a saber, algo que não é necessário para a manutenção das coisas em geral e do mundo como um todo, mas apenas para a manutenção dos entes animais singulares. Por isso, a existência das coisas em geral e no todo penetra o conhecimento apenas *per accidens* [incidentalmente] e, por conseguinte, de modo bastante limitado: ela compõe apenas o pano de fundo da pintura na consciência animal, na qual os objetos da vontade são o essencial e ocupam o primeiro plano. Agora, é verdade que, por meio desse acidente, se constitui o mundo inteiro em tempo e espaço, quer dizer, o mundo como representação, já que este não tem, absolutamente, uma tal existência fora da cognição – mas cuja essência íntima, em contrapartida, aquilo que existe em si, também é completamente independente de uma tal existência. Dado que, portanto, como já dito, a cognição só existe com vistas à preservação de cada indivíduo animal, também sua constituição como um todo, isto é, todas as suas formas, tais como o tempo, o espaço etc., encontrar-se-ão ajustadas apenas aos fins de um tal indivíduo: estes, porém, exigem apenas o conhecimento de relações entre fenômenos singulares, mas de modo algum da essência das coisas e do mundo como um todo.

Kant demonstrou que os problemas da metafísica, que inquietam a *todos* em maior ou menor grau, não são passíveis de qualquer solução direta, nem de uma que seja minimamente satisfatória. Isso, porém, deve-se, em última instância, ao fato de que esses problemas têm origem nas formas de nosso intelecto – tempo, espaço e causalidade –, enquanto esse intelecto tem apenas a determinação de apresentar à vontade individual os seus motivos, quer dizer, de mostrar-lhe os objetos de seu querer, juntamente com os meios e caminhos para deles se apoderar. Se, contudo, esse intelecto é voltado *abusive* [forçadamente] para a essência em si das coisas, para o todo e o nexo do mundo, então as mencionadas formas da contiguidade, sucessão e implicação de todas as coisas possíveis que a ele aderem gerarão para ele problemas metafísicos, tais como o da origem e da finalidade, do início e do fim do mundo e de si mesmo, da aniquilação de si por meio da morte ou de sua continuidade apesar desta, da liberdade da vontade, entre outros. – Mas se imaginarmos por um momento a suspensão daquelas formas e, não obstante, a presença de uma consciência das coisas, então esses problemas não apenas seriam resolvidos como desapareceriam completamente, e sua expressão não teria mais sentido algum. Pois eles surgem unicamente daquelas formas, as quais não servem absolutamente para entender o mundo e a existência, mas apenas para nossos fins pessoais.

Toda esta consideração fornece-nos, então, uma elucidação e uma fundamentação *objetiva* da doutrina kantiana, fundamentada por seu autor apenas pelo lado *subjetivo*, de que as formas do entendimento teriam um uso meramente imanente, e não transcendente. Pois, com efeito, seria possível dizer também, em vez disso: o intelecto é físico, não metafísico; quer dizer, uma vez que brotou da vontade, enquanto parte de sua objetivação, ele também só existe para servir a ela: esse serviço, porém, diz respeito apenas às coisas *na* natureza, e não a algo que se encontre para além desta. É patente que (conforme expliquei e comprovei em *Sobre a vontade na natureza*) cada animal tem seu intelecto somente para a finalidade de encontrar e obter seu alimento, segundo a qual, então, também a medida desse intelecto é determinada. E não é diferente no caso do ser humano; só que a maior dificuldade de sua conservação e o fato de que suas carências são passíveis de um incremento infinito tornaram necessária aqui uma medida muito maior de intelecto. Somente quando, por meio de uma aberração, essa medida é extrapolada, apresenta-se um *excedente* plenamente *independente*, o qual, quando considerável, é chamado de *gênio*. Por meio disso, um tal intelecto torna-se, em princípio, apenas consideravelmente *objetivo*: mas isso pode também levá-lo a, em certo grau, tornar-se ele mesmo metafísico, ou pelo menos a esforçar-se por sê-lo. Pois, justamente por consequência de sua objetividade, a própria natureza, o todo das coisas, torna-se agora um objeto e um problema para ele. Isso porque é nele que a natureza começa pela primeira vez a perceber a si mesma efetivamente como algo que é, mas que também poderia *não ser*, ou que igualmente poderia muito bem ser *diferente* do que é; enquanto no intelecto comum, meramente normal, a natureza não se percebe com nitidez – assim como o moleiro não ouve seu moinho e o perfumista não sente o cheiro de sua loja. Ela lhe parece autoevidente: ele encontra-se limitado a ela. Somente em certos instantes mais iluminados ele se dá conta dela e quase que se espanta com isso: mas logo passa. Por conseguinte, é fácil prever o que tais cabeças normais são capazes de realizar na filosofia, mesmo quando se aglutinam aos montes. Em contrapartida, se o intelecto fosse metafísico, originalmente e segundo sua determinação, então elas, especialmente unindo suas forças, seriam capazes de levar adiante a filosofia, como qualquer outra ciência.

Sobre a indestrutibilidade de nossa verdadeira essência pela morte[1]

§ 1.

Embora eu tenha tratado deste objeto de maneira contextualizada e exaustiva em minha obra magna, creio, não obstante, que uma pequena recapitulação de algumas considerações isoladas a respeito, as quais lançam ainda um pouco mais de luz sobre aquela exposição, não será sem valor para alguns. –

É preciso ler *Selina*, de Jean Paul, para ver como um espírito altamente eminente se bate com os absurdos que se lhe apresentam como necessários a partir de um falso conceito de que ele não quer abrir mão, porque se afeiçoou a ele, mas que o inquieta constantemente com disparates que não é capaz de digerir. Trata-se do conceito da continuação individual de nossa consciência pessoal inteira após a morte. Justamente esse lutar e debater-se de Jean Paul comprova que conceitos desse gênero, compostos de partes falsas e verdadeiras, não são, como se afirma, enganos salutares, mas, muito antes, decididamente prejudiciais. Pois, por meio da falsa oposição entre alma e corpo, assim como da elevação da personalidade como um todo ao status de uma coisa em si, que deve subsistir eternamente, não apenas é tornado impossível o verdadeiro conhecimento acerca da indestrutibilidade

---

1. Correspondente ao capítulo 10 do vol. II de *Parerga e paralipomena*.

de nossa real essência como algo que é intocado por tempo, causalidade e mudança, conhecimento este que é baseado na oposição entre fenômeno e coisa em si, como também esse falso conceito não pode nem mesmo ser tomado como substituto da verdade; porque a razão se indigna sempre renovadamente com o absurdo que nele há, precisando, porém, com ele, abrir mão também daquilo de verdadeiro que se encontra amalgamado a ele. Pois, a longo prazo, o que é verdadeiro só pode subsistir em sua pureza: uma vez mesclado a enganos, ele passa a participar de sua debilidade; assim como o granito se desfaz quando o feldspato nele erode, embora o quartzo e a mica não se encontrem submetidos à erosão. Portanto, a situação não é boa para os substitutos da verdade.

§ 2.

Quando, no trato cotidiano, se é questionado acerca da duração continuada após a morte por uma daquelas pessoas que tudo querem saber, mas nada querem aprender, a resposta mais adequada, também de início a mais correta, é a seguinte: "Após a tua morte serás o que eras antes de teu nascimento". Pois ela implica o disparate da exigência de que uma espécie de existência que tem um começo deveria ser sem fim; além disso, ela contém também a insinuação de que é bem possível que haja dois tipos de existência e, correspondentemente, dois tipos de nada. – Igualmente, poder-se-ia responder: "O que quer que venhas a ser após a morte – e que fosse nada – ser-te-á então tão natural e adequado quanto agora o é a tua existência individual e orgânica: portanto terias de temer, no máximo, o instante de passagem. Sim, uma vez que uma ponderação madura da questão leva ao resultado de que o não ser absoluto seria preferível a uma existência como a nossa, pensar que nossa existência cesse ou que haja um tempo em que não mais existamos não pode, racionalmente, nos preocupar mais do que pensar na possibilidade de que jamais tivéssemos existido. Agora, posto que essa existência é essencialmente pessoal, então, por consequência, o fim da personalidade tampouco pode ser visto como um prejuízo".

Em contrapartida, aquele que, pela via objetiva e empírica, tivesse seguido o plausível fio condutor do materialismo e agora se voltasse para nós, completamente horrorizado com a total aniquilação por meio da morte que lá espera por ele, talvez o tranquilizássemos do modo mais breve e compatível com sua concepção empírica se lhe demonstrássemos de modo palpável a diferença entre a matéria e a força, sempre metafísica, que dela se apodera temporariamente – por exemplo em um ovo de pássaro, cujo líquido, tão homogêneo e amorfo, tão logo a ele se some apenas a temperatura adequada, assume a figura tão complicada e precisamente determinada do gênero e da espécie a que sua ave pertence. Em certa medida, isso não deixa de ser um tipo de *generatio aequivoca* [geração espontânea]: o que torna altamente provável que a sequência ascendente das formas animais se tenha constituído quando, certa vez, nos primórdios, em um momento propício, esse tipo de geração fez um salto do tipo de animal a que o ovo pertencia para um outro, mais elevado. Em todo caso, aqui aparece do modo mais evidente alguma coisa distinta da matéria, especialmente porque essa coisa deixa de se manifestar com a mais ínfima circunstância desfavorável. Isso torna sensível que ela, após consumado o efeito, ou tendo este sido mais tarde impedido, também pode deixar a matéria totalmente ilesa; o que, então, aponta para uma permanência de espécie completamente diferente do que a persistência da matéria no tempo.

§ 3.

Nenhum indivíduo é adequado a uma duração eterna: todos perecem com a morte. Nós, porém, nada perdemos com isso. Pois à existência individual subjaz uma outra, completamente diferente, da qual a primeira é a manifestação. Esta não conhece tempo algum, logo tampouco a duração continuada ou o perecimento.

Se imaginarmos um ente que conhecesse, entendesse e visse tudo, é provável que a questão de nossa duração continuada após a morte não tivesse qualquer sentido para ele, pois os conceitos de continuidade e interrupção não teriam mais sentido para além de nossa existência atual, temporal, individual, e seriam indistinguíveis um do outro; donde segue que nem o conceito de perecimento, nem o de continuidade encontraria aplicação em nossa essência genuína e verdadeira ou na coisa em si que se apresenta no fenômeno que somos, uma vez que esses conceitos são tomados de empréstimo do tempo, que é a mera forma do fenômeno. – Nós, entretanto, só podemos pensar a *indestrutibilidade* daquele cerne de nosso fenômeno como uma *duração continuada* dele, e mesmo isso na verdade apenas segundo o esquema da *matéria*, a qual persiste no tempo, em meio a todas as modificações das formas. – Se, então, negarmos essa duração continuada àquele cerne, passamos a ver nosso fim temporal como uma aniquilação, segundo o esquema da *forma*, que desaparece quando a matéria que a carrega lhe é subtraída. No entanto, ambas essas conclusões são μεταβασις εις αλλο γενος [passagem a outro gênero][2], a saber, uma transposição das formas do fenômeno para a coisa em si. Porém, de uma indestrutibilidade que não fosse uma duração continuada mal somos capazes de construir um conceito abstrato, pois falta-nos toda e qualquer intuição para atestá-lo.

Contudo, na verdade, o constante surgimento de novos entes e a aniquilação dos que já existem devem ser vistos como uma ilusão, produzida por um aparato composto de duas lentes polidas (funções cerebrais), unicamente por meio das quais somos capazes de ver algo: elas se chamam espaço e tempo, e, em sua interpenetração mútua, causalidade. Pois tudo quanto percebemos sob essas condições é mero fenômeno; não conhecemos as coisas tais como estas venham a ser em si mesmas, quer dizer, independentemente de nossa percepção. Esse é, com efeito, o cerne da filosofia kantiana, da qual e de cujo conteúdo nunca é demais lembrar após um período em que o charlatanismo venal afugentou a filosofia da Alemanha por meio de seu processo de embrutecimento, com a ajuda solícita de uma gente para quem verdade e espírito são as coisas mais indiferentes do mundo, e salário e honorário, em contrapartida, as mais importantes.

A existência que permanece intocada pela morte do indivíduo não tem tempo e espaço como forma;

2. Referência a Aristóteles, *De coelo* I, 1. (N.T.)

porém, tudo que é real para nós aparece neles: é por isso que a morte nos parece uma aniquilação.

§ 4.

Cada um sente ser algo diferente de um ente criado certa vez do nada por outrem. Disso surge a confiança de que a morte pode, decerto, pôr termo à vida, mas não à existência.

Graças à forma cognitiva do *tempo*, o ser humano (isto é, a afirmação da vontade de vida em seu mais elevado patamar de objetivação) aparece como um gênero de pessoas que vão nascendo e morrendo ininterruptamente.

O ser humano é algo diferente de um nada animado – e o animal também.

Como é possível, diante da *morte* de uma pessoa, supor que aqui uma coisa em si mesma estaria a tornar-se *nada*? Que, muito antes, apenas um fenômeno no tempo, essa forma de todo fenômeno, encontre aqui seu fim, sem que a coisa em si mesma seja por isso afetada, é um conhecimento imediato, intuitivo, de toda e qualquer pessoa; por isso, em todas as épocas, se esteve empenhado em pronunciá-lo sob as mais diversas formas e expressões, as quais, todas, embora tendo sido tomadas do fenômeno, referem-se, não obstante, em seu sentido próprio, unicamente a esse conhecimento.

Quem acha que sua existência se encontra limitada à sua vida atual considera-se um nada animado: pois há trinta anos nada era; e em trinta anos tornará a nada ser.

Se conhecêssemos plenamente nossa própria essência, até o mais íntimo, acharíamos ridículo exigir que o indivíduo fosse imperecível, pois isso significaria abrir mão dessa essência mesma em favor de uma única de suas inúmeras manifestações ou fulgurações.

§ 5.

Quanto mais nítida for a consciência da inconsistência, nulidade e constituição onírica de todas as coisas, tanto mais nítida será também a consciência da eternidade da própria essência íntima; pois, com efeito, aquela constituição das coisas só é reconhecida em oposição a esta; assim como só se percebe o curso veloz do próprio navio ao olhar para a margem fixa, mas não quando se olha para dentro dele.

§ 6.

O *presente* tem duas metades: uma *objetiva* e outra *subjetiva*. Somente a objetiva tem a intuição do *tempo* como forma e segue, por isso, desenrolando-se inexoravelmente; a metade subjetiva é fixa e, portanto, sempre a mesma. É a isso que se deve nossa vívida lembrança daquilo que já passou há muito tempo, assim como a consciência de que somos imperecíveis, apesar de conhecermos a fugacidade de nossa existência.

De minha proposição inicial "o mundo é minha representação"[3] segue, antes de mais nada, que: "primeiro existo eu, depois o mundo". Devíamos ater-nos

---

3. Esta é a proposição com que Schopenhauer abre o primeiro volume de *O mundo como vontade e representação*. (N.T.)

a isso como antídoto contra a confusão da morte com a aniquilação.

Que cada um pense que seu cerne mais íntimo é algo que contém o *presente* e o carrega consigo por aí.

Quando quer que venhamos a viver, sempre nos encontramos, com nossa consciência, no centro do tempo, nunca em seus extremos, e poderíamos inferir a partir disso que cada um carrega em si o ponto central imóvel de todo o tempo infinito. No fundo, é também isso que nos dá a confiança com que levamos a vida sem nos apavorarmos constantemente com a morte. Agora, quem, graças à força de sua memória e fantasia, for capaz de tornar presente da maneira mais vívida uma vivência já há muito passada terá uma consciência mais nítida que os demais da *identidade do agora em todos os tempos*. Talvez esse princípio seja ainda mais correto se invertido. Seja como for, uma tal consciência nítida da identidade de todos os agoras é um requisito essencial para a aptidão filosófica. Por meio dela apreende-se o que há de mais fugaz, o agora, como a única coisa perene. Quem, então, se inteirar, desse modo intuitivo, de que o *presente*, a única forma de toda realidade em sentido mais estrito, tem sua fonte *em nós* e que, portanto, ele provém de dentro, e não de fora, não poderá duvidar da indestrutibilidade de sua própria essência. Compreenderá, isso sim, que com sua morte decerto o mundo objetivo perece para si junto com o meio de sua representação, o intelecto, mas que isso não afeta sua existência: pois havia tanta realidade no interior quanto no exterior. Essa pessoa dirá, com plena convicção: εγω ειμι παν το γεγονος, και ον, και εσομενον [Eu sou tudo que foi, é e será].[4] (Cf. Estobeu, *Florilegium* [Florilégio] 44, 42; vol. 2, p. 201.)

Quem não aceitar isso tudo terá de afirmar o contrário e dizer: "O tempo é algo puramente objetivo e real, que existe de maneira completamente independente de mim. Só fui lançado ao acaso no interior dele, tendo me apoderado de uma pequena parte sua e chegado, com isso, a uma realidade passageira, como milhares de outras pessoas antes de mim, que agora nada mais são, e também eu muito em breve nada serei. O tempo, em contrapartida, é o que há de real: ele seguirá então seu curso sem mim". Eu penso que o profundo disparate, sim, o absurdo que há nessa perspectiva torna-se perceptível por meio de uma tal expressão resoluta dela mesma.

Em virtude de tudo isso, a vida pode, certamente, ser vista como um sonho, e a morte como o despertar. Mas então a personalidade, o indivíduo, pertencerá à consciência sonhadora, e não à desperta; por isso, a morte se apresenta como aniquilação para aquela. No entanto, seja como for, deste ponto de vista, a morte não deve ser considerada como passagem para um estado completamente novo e estranho para nós, mas sim apenas como o retorno ao estado que nos é próprio originalmente, do qual a vida foi apenas um curto episódio.

Se, entretanto, um filósofo viesse a supor que encontraria na morte um consolo que só ela pode oferecer, ou ao menos uma distração no fato de que com ela se resolveria para ele um problema de que tantas vezes se ocupou, ocorrerá provavelmente com ele o mesmo que com alguém cuja lanterna é apagada

---
4. Inscrição no santuário de Ísis em Saís. (N.T.)

com um sopro justamente quando está prestes a achar o que procurava.

Pois não há dúvida de que a consciência perece com a morte; mas de modo algum aquilo que até então a produzira. Isso porque a consciência repousa, em primeira instância, sobre o intelecto; este, porém, repousa sobre um processo fisiológico. Pois ele é evidentemente função do cérebro e é consequentemente condicionado pela ação conjunta dos sistemas nervoso e vascular, mais precisamente pelo cérebro alimentado, animado e constantemente agitado pelo coração, por meio de cuja estrutura sofisticada e misteriosa, que a anatomia descreve, mas a fisiologia não entende, se constitui o fenômeno do mundo objetivo, assim como o mecanismo de nossos pensamentos. É impossível imaginar um *ente incorpóreo* dotado de uma *consciência individual*, portanto de uma consciência enquanto tal; pois a condição de toda e qualquer consciência, a cognição, é necessariamente uma função cerebral – ou melhor: porque o intelecto se apresenta objetivamente como cérebro. Agora, assim como o intelecto se manifesta fisiologicamente, portanto na realidade empírica, isto é, no fenômeno, como algo secundário, como resultado do processo vital, ele é também psicologicamente secundário, em oposição à vontade, que é a única coisa primária e absolutamente originária. Até o próprio organismo é, na verdade, apenas a vontade que se apresenta no cérebro de maneira intuitiva e objetiva, portanto em suas formas, espaço e tempo, conforme discuti em diversas ocasiões, especialmente em *Sobre a vontade na natureza* e em minha obra magna, vol. II, cap. 20. De modo que, uma vez que a consciência não está imediatamente ligada à vontade, mas é condicionada pelo intelecto, e este, por sua vez, pelo organismo, não restam dúvidas de que a consciência se extingue com a morte – como ocorre já no sono ou em qualquer desmaio.[5] Mas não percamos o ânimo! Pois que tipo de consciência é esta? – Uma consciência cerebral, animal, apenas um pouco mais potencializada, dado que, essencialmente, a temos em comum com o reino animal inteiro, muito embora ela alcance em nós o seu ápice. Como já demonstrei suficientemente, ela é, segundo sua finalidade e origem, uma mera μηχανη [dispositivo] da natureza, um meio para a orientação, que serve para auxiliar os entes animais a satisfazer suas carências. Em contrapartida, o estado ao qual a morte nos reconduz é nosso estado originário, quer dizer, o estado realmente próprio à essência cuja força originária se manifesta na produção e na manutenção da vida que agora cessa. Pois ele é o estado da coisa em si, em oposição ao fenômeno. Ora, nesse estado originário, um tal recurso emergencial como a cognição cerebral altamente mediada, que, justamente por isso, fornece meros fenômenos, é sem dúvida completamente supérfluo; e por isso mesmo perdemos essa cognição. Sua supressão é o mesmo que o término do mundo fenomênico para nós, cujo mero meio ela era, não tendo qualquer outra serventia. Sim, mesmo que nesse nosso estado originário a conservação dessa consciência animal nos fosse oferecida, nós a recusaríamos, como o aleijado curado rejeita as muletas. Portanto, quem se queixa acerca da iminente

---

5. Sem dúvida, seria ótimo se o intelecto não perecesse com a morte: desse modo poderíamos levar conosco para o outro mundo, já pronto, o grego que aprendemos neste.

perda dessa consciência cerebral, adequada apenas ao fenômeno e capaz somente dele, é comparável aos groenlandeses convertidos, os quais não queriam ir ao céu ao descobrir que lá não haveria focas.

Ademais, tudo que está sendo dito aqui baseia--se no pressuposto de que *nós* não podemos absolutamente imaginar um estado *não inconsciente* de outra maneira que não como um estado *cognoscente*, que, portanto, traga em si a forma fundamental de todo *conhecer*, o decair em sujeito e objeto, em um elemento cognoscente e outro conhecido. Ocorre, porém, que é preciso considerar que toda essa forma do conhecer e ser conhecido é condicionada apenas por nossa natureza animal, a qual é deveras secundária e derivada, e que, portanto, não é de modo algum o estado originário de toda essencialidade e existência, donde segue que este último pode muito bem ser de espécie completamente diferente e, não obstante, *não inconsciente*. Pois se até mesmo nossa própria essência presente, na medida em que somos capazes de persegui-la até seu âmago, é mera *vontade*, a qual, porém, já é em si mesma algo desprovido de cognição. Se, então, com a morte, somos privados do intelecto, somos com isso apenas deslocados para o estado originário *desprovido de cognição*, o qual não será, por isso, absolutamente *inconsciente*, mas muito antes um estado mais elevado do que aquela forma, em que a oposição entre sujeito e objeto é suprimida; porque aqui aquilo a ser conhecido formaria uma unidade efetiva e imediata com aquilo que conhece, estando ausente, portanto, a condição fundamental de todo conhecer (a qual consiste justamente naquela oposição). Compare-se a isso, como elucidação, *Die Welt als Wille und Vorstellung [O mundo como vontade e representação]*, vol. II, p. 273. Como outra expressão do que é dito lá e aqui, veja-se a seguinte sentença de Giordano Bruno (ed. Wagner, vol. I, p. 287): *La divina mente, e la unità assoluta, senza specie alcuna è ella medesima lo che intende, e lo ch' è inteso* [A mente divina, a unidade absoluta, é, ela mesma, sem nenhuma diferença, o que entende e o que é entendido.]

Talvez, também, cada um haverá de sentir, de vez em quando, em seu âmago mais profundo, uma consciência de que na verdade lhe seria adequada uma existência de espécie completamente diferente desta, tão indescritivelmente indigente, transitória, individual, ocupada com misérias de toda sorte; isso leva a pensar que a morte poderia reconduzir a ela.

§ 7.

Se, então, em oposição a esse modo de consideração voltado para *dentro*, olharmos novamente para *fora* e apreendermos o mundo que se nos apresenta de modo completamente objetivo, a morte aparecerá para nós, sem dúvida, como uma passagem ao nada; em contrapartida, também o nascimento parecerá ser um surgimento do nada. No entanto, não é possível que qualquer dessas duas afirmações seja verdadeira de maneira incondicional, já que elas só têm a realidade do fenômeno. Ademais, que, em certo sentido, sobrevivamos à morte não é de modo algum um milagre maior do que o da geração, que temos diariamente diante dos olhos. O que morre vai para lá, onde toda vida tem origem, inclusive a sua. Foi nesse sentido que os egípcios chamaram o Orco[6] de *Amenthes*, o que, segundo Plutarco (*De Isis et Osiris*, cap. 29), significa ὁ λαμβανων και διδους, "aquele que toma e dá", para expressar que tudo retorna para a mesma fonte de onde provém. Dessa perspectiva, nossa vida deveria ser vista como um empréstimo obtido da morte: o sono, então, seria seu juro diário. A morte se dá a conhecer abertamente como o fim do indivíduo, mas nesse indivíduo encontra-se o germe para um novo ente. Consequentemente, então, nada do que morre morre para sempre; mas também nada do que nasce recebe uma existência fundamentalmente nova. Quem morre perece: mas permanece um germe, a partir do qual se produz um novo ente, que entra agora na existência sem saber de onde provém nem por que é justamente tal como é. É esse o mistério da *palingenesia*, e o quadragésimo primeiro capítulo do segundo volume de minha obra magna pode ser visto como sua explicação. A partir disso fica claro para nós que todos os entes que vivem neste momento contêm efetivamente o germe de todos os que haverão de viver no futuro, de modo que estes, em certa medida, já existem agora. Igualmente, cada animal que se encontra em pleno florescimento parece exclamar: "Por que te queixas sobre a transitoriedade dos seres vivos? Como poderia eu existir, se não tivessem morrido todos aqueles de minha espécie que vieram antes de mim?" – Por mais que, por consequência disso, as peças e as máscaras sejam trocadas no palco do mundo, os atores permanecem os mesmos em todas elas. Estamos reunidos e falamos e entusiasmamos uns aos outros, e os olhos brilham, e as vozes tornam-se mais

---

6. Nome latino do submundo. (N.T.)

vibrantes: exatamente assim reuniram-se também *outros*, há milhares de anos: a situação era a mesma, e eles também eram *os mesmos*: e assim será também daqui a mais de mil anos. O dispositivo graças ao qual não nos damos conta disso é *o tempo*.

Poder-se-ia muito bem distinguir *metempsicose*, como passagem da assim chamada alma, inteira, para outro corpo, e *palingenesia, como decomposição* e reconstituição do indivíduo, em que apenas a *vontade* deste persiste e, assumindo a figura de um novo ente, adquire um novo intelecto; ou seja, em que o indivíduo se decompõe como um sal neutro, cuja base então se liga a outro ácido para formar um novo sal. A diferença entre metempsicose e palingenesia admitida por Sérvio, o comentador de Virgílio, e que é brevemente exposta na dissertação de Wernsdorff, *De metempsychosi veterum*, p. 48, é evidentemente equivocada e nula.

A partir do *Manual of Buddhism* de *Spence Hardy* (p. 394-396, a ser comparadas com as p. 429, 440 e 445 do mesmo livro), também de *Burmese Empire* [Império birmanês], de *Sangermano*, p. 6, assim como dos *Asiatic Researches* [Pesquisas asiáticas], vol. 6, p. 179 e vol. 9, p. 256, fica claro que, no budismo, com vistas à duração continuada após a morte, há uma doutrina exotérica e outra esotérica: a primeira é justamente a *metempsicose*, como no bramanismo; a última, porém, é uma *palingenesia*, muito mais difícil de compreender, a qual se encontra em grande concordância com minha doutrina da permanência metafísica da vontade, em oposição à constituição meramente física do intelecto e a transitoriedade a ela correspondente. – Παλιγγενεςια [palingenesia] aparece já no Novo Testamento.[7]

Se, agora, para penetrar mais profundamente no mistério da palingenesia, ainda tomarmos como auxílio o quadragésimo terceiro capítulo do segundo volume de minha obra magna, parecerá, após uma consideração mais minuciosa, que, através dos tempos, o gênero masculino teria sido o conservador da vontade, e o feminino o conservador do intelecto da espécie humana, por meio de que, então, esta adquire uma perduração sempiterna. De acordo com isso, então, cada um tem um componente paterno e outro materno: e, assim como foram unificados por meio da concepção, esses são também desagregados pela morte, a qual, portanto, é o fim do indivíduo. É a morte desse indivíduo que tanto lamentamos, na sensação de que ele realmente é perdido, já que ele era uma mera ligação, a qual cessou de maneira irreparável. – No entanto, não podemos esquecer diante de tudo isso que a hereditariedade do intelecto da mãe não é tão decisiva e incondicional quanto a da vontade do pai, e isso devido à natureza secundária e meramente física do intelecto e sua completa dependência do organismo, não apenas com vistas ao cérebro, mas também sob outros aspectos; conforme exposto no mencionado capítulo. – Que se mencione aqui, ainda, de passagem, que concordo com *Platão* na medida em que também ele distingue uma parte mortal e outra imortal em sua assim chamada alma: contudo, ele entra em oposição diametral comigo e com a verdade ao tomar o intelecto como a parte imortal e a vontade,

---

7. A saber, em Mat. 19, 20; Tt. 3, 5 – porém em outro sentido. (N.T.)

em contrapartida, quer dizer, a sede dos desejos e das paixões, como a parte mortal, à maneira de todos os filósofos que me antecederam – como se pode ver a partir do *Timeu* (p. 386, 387 e 395 da ed. Bipontini). O mesmo é declarado por Aristóteles.[8]

Por mais que, por meio da geração e da morte, juntamente com a visível composição dos indivíduos a partir da vontade e do intelecto e sua posterior dissolução, o elemento físico pareça vigorar de maneira extravagante e questionável, o elemento metafísico que lhe serve de fundamento é, não obstante, de natureza tão completamente heterogênea que isso não o afeta, de modo que podemos nos manter confiantes.

De acordo com isso, é possível considerar cada pessoa de dois pontos de vista opostos: de um lado, ela é o indivíduo, dotado de um início e um fim temporais, e que passa depressa em sua fugacidade, σκιας οναρ [o sonho de uma sombra][9], ainda por cima duramente afetado por defeitos e sofrimentos; de outro, ela é a essência originária indestrutível que se objetiva em tudo quanto existe, e pode, enquanto tal, dizer, como a escultura de Ísis em Saís: εγω ειμι παν το γεγονος, και ον, και εσομενον [Eu sou tudo que foi, é e será]. – Sem dúvida, um tal ente poderia fazer coisas melhores do que se manifestar em um mundo como este. Pois ele é o mundo da finitude, do sofrimento e da morte. O que é nele e a partir dele precisa ter fim e morrer. Somente

---

8. Em *De anima* (I, 4, p. 408) escapa-lhe, logo no início, como que de passagem, sua opinião íntima de que o νους [entendimento] seria *a alma verdadeira e imortal* – o que ele atesta por meio de alegações falsas. O *ódio* e o *amor* não pertenceriam à alma, mas ao seu órgão, ou seja, à parte perecível!

9. Píndaro, *Pythia*, VIII, 135. (N.T.)

o que não é e nem quer ser a partir dele livra-se dele com onipotência, como um raio que se lança para o alto, e deixa assim de ter qualquer relação tanto com o tempo como com a morte. – Unificar todas essas contradições é o verdadeiro tema da filosofia.[10]

---

10. Crer que a vida seria um romance para o qual, como no caso do *Visionário*, de Schiller, falta a continuação e que, ainda por cima, como o *Sentimental Journey* [Jornada sentimental], de Sterne, se interrompe em meio à trama é um pensamento totalmente intragável, tanto a nível estético como moral. –
Para nós, a morte é e permanece sendo algo *negativo* – o cessar da vida; mas ocorre que ela precisa ter também um lado positivo, o qual, no entanto, permanece oculto para nós, porque o nosso intelecto é completamente incapaz de apreendê-lo. Por isso reconhecemos, sem dúvida, o que perdemos com a morte, mas não o que com ela ganhamos. –
A perda do *intelecto* que a *vontade* – o cerne do fenômeno que aqui perece, indestrutível enquanto coisa em si – sofre com a *morte* é o *lethe* [esquecimento] dessa vontade individual, sem o qual, com efeito, ela se lembraria dos muitos fenômenos cujo cerne ela já foi. –
Ao morrer, dever-se-ia jogar fora a individualidade, como uma roupa velha, e alegrar-se com a individualidade nova e melhor que, tendo aprendido a lição, se haverá de obter em troca daquela. –
Se censurássemos o *espírito do mundo* por *aniquilar* os indivíduos após curta duração, ele diria: "Vede só estes indivíduos, vede seus defeitos, tudo que há de ridículo e ruim e repulsivo neles! Deveria eu deixá-los durar para sempre?!" –
Se eu dissesse ao *Demiurgo*: "Por que, em vez de, por meio de um semimilagre, fazer incessantemente novas pessoas e aniquilar as que já vivem, não deixas estar, de uma vez por todas, as que estão presentes, e permites que sigam perdurando por toda eternidade?" – Ele provavelmente responderia o seguinte: "Ora, elas mesmas querem fazer outras sempre novas, então é preciso que eu cuide para que haja lugar para tanto: – não fosse por isso…! – Muito embora, cá entre nós, uma estirpe que seguisse vivendo e levando as coisas para sempre desta maneira, sem nenhuma finalidade além de assim existir, seria objetivamente ridícula e subjetivamente tediosa – muito mais do que és capaz de conceber. Basta imaginar!" – E eu: "Ora, eles poderiam acumular coisas de toda sorte.".

§ 8.
Pequeno divertimento dialógico a título de conclusão

Trasímaco. Afinal, o que sou eu após a minha morte?
– Responde com clareza e precisão!
Filaleto.[11] Tudo e nada.
Trasímaco. Pois então! Uma contradição como solução para um problema! Essa ladainha já é velha.
Filaleto. Responder a questões transcendentes na língua criada para o conhecimento imanente pode mesmo levar a contradições.
Trasímaco. O que chamas de conhecimento transcendente e imanente? – Com efeito, essas expressões também me são conhecidas, pelo meu professor; mas apenas como predicados do bom Deus, que era o objeto exclusivo de sua filosofia, conforme também exige o bom tom. A saber: se este se encontra metido dentro do mundo, então ele é imanente; se, porém, está em algum lugar fora dele, ele é transcendente. – Vê só, isso sim é claro e apreensível! Aqui sabemos a que nos ater. Mas tua linguagem artificial kantiana está fora de moda e ninguém mais a entende. A consciência temporal do tempo presente, a partir da metrópole da ciência alemã, –
Filaleto (falando baixo para si). – do papo furado filosófico alemão –
Trasímaco. – graças a toda uma sucessão de grandes

---

11. *Trasímaco* – do grego: "guerreiro valente" – é o nome de uma das personagens da *República*, de Platão, interlocutor de Sócrates que defende, no primeiro livro, a definição de justiça como "lei do mais forte". – *Filaleto* – do grego: "amigo da verdade" – é também uma personagem de diálogo, a saber, dos *Novos ensaios sobre o entendimento humano*, de Leibniz. (N.T.)

homens, especialmente o grande Schleiermacher e o gigante espiritual Hegel, foi resgatada de tudo isso, ou melhor, foi levada tão à frente que tudo isso já ficou para trás, de modo que essa consciência já não o sabe mais. – Então, de que se trata?

FILALETO. – Conhecimento transcendente é aquele que, extrapolando toda possibilidade da experiência, se esforça por determinar a essência das coisas tal como elas são em si mesmas; em contrapartida, conhecimento imanente é aquele que se mantém no interior dos limites da possibilidade da experiência, mas que por isso também só pode tratar de fenômenos. – Tu, como indivíduo, tens fim com tua morte. Mas ocorre que o indivíduo não é tua essência verdadeira e última, mas muito antes uma mera manifestação da mesma: ele não é a coisa em si mesma, mas apenas seu fenômeno, o qual se apresenta na forma do tempo e, por isso, tem início e fim. Em contrapartida, tua essência em si mesma não conhece nem tempo, nem início, nem fim, nem o limite de uma individualidade dada: por isso ela não pode ser excluída de nenhuma individualidade, mas, pelo contrário, está presente em todos e cada um. No primeiro sentido, portanto, és aniquilado com tua morte; no segundo, és e permaneces sendo tudo. Por isso dizia eu que tu, após a morte, serias tudo e nada. Dificilmente tua pergunta admitirá uma resposta, assim, em poucas palavras, mais acertada do que precisamente essa, a qual, porém, contém, decerto, uma contradição; justamente porque tua vida é no tempo, tua imortalidade, porém, é na eternidade. – Por isso esta também pode ser chamada de uma indestrutibilidade sem duração continuada – o que, no entanto, leva novamente a uma contradição. Mas é isso o que acontece quando o que é transcendente deve ser trazido para o conhecimento imanente: este sofre com isso uma espécie de violência, na medida em que se abusa dele para conseguir algo para o que ele não nasceu.

Trasímaco. Escuta, sem a continuação de minha individualidade não dou um tostão por toda essa tua imortalidade.

Filaleto. Talvez ainda seja possível negociar contigo. Suponhamos que eu te garantisse a continuidade de tua individualidade, mas estabelecesse como condição que o novo despertar fosse precedido de um sono mortal completamente inconsciente que durasse três meses.

Trasímaco. Seria aceitável.

Filaleto. Como, porém, em um estado completamente desprovido de consciência, não temos qualquer medida do tempo, então é totalmente indiferente para nós se, ao jazer naquele sono mortal, se passam três meses ou dez mil anos no mundo consciente de si. Pois em ambos os casos, ao despertar, temos que aceitar de boa-fé que tanto tempo tenha se passado. De acordo com isso, é indiferente para ti se tua individualidade te é restituída após três meses ou após dez mil anos.

Trasímaco. Sim, no fundo, talvez isso seja incontestável.

Filaleto. Se, agora, tendo se passado esses dez mil anos, eventualmente se esquecessem completamente de te despertar, então, creio que, após esse longo não ser que se seguiu a uma existência relativamente curta ter se tornado tão habitual, a infelicidade não seria grande. Certo é, porém, que não serias capaz de perceber nada disso. E te consolarias plenamente se soubesses que durante todos aqueles dez mil anos o mecanismo secreto que conserva o fenômeno que atualmente és em movimento tampouco teria cessado um instante sequer de apresentar e movimentar outros fenômenos da mesma espécie.

TRASÍMACO. Ah!? – E dessa maneira pretendes surrupiar-me, branda e desapercebidamente, a minha individualidade? *Eu* não caio em trapaças desse tipo. Exigi a continuidade de minha individualidade, e não há motores e fenômenos que possam me consolar quanto a ela. Ela me é muito querida, e dela não abrirei mão.

FILALETO. Então consideras tua individualidade tão agradável, excelente, perfeita e inigualável, que não poderia haver nenhuma mais privilegiada, de modo que não a trocarias por nenhuma outra da qual eventualmente se dissesse que seria possível viver melhor e mais fácil nela?

TRASÍMACO. Olha, minha individualidade, seja o que ela for, sou eu.

"Nada melhor que eu o mundo deu:
Pois Deus é Deus, e eu – sou eu."[12]

Eu quero existir: eu, eu! É *isso* que me importa, e não uma existência que é preciso primeiro me convencer ser a minha por meio de elucubrações.

---

12. Goethe, *Satyros*, 11, 17. (N.T.)

FILALETO. Pois olha à tua volta! Não és apenas tu que exclamas "eu, eu, eu quero existir", mas tudo, absolutamente tudo que tenha apenas um vestígio de consciência. Consequentemente, esse desejo em ti é justamente aquilo que *não* é individual, mas comum a todos, sem distinção: ele não tem origem em tua individualidade, mas, na existência em geral, ele é essencial a tudo quanto *existe*, sim, ele é aquilo *por meio de que* tudo isso existe e, logo, é satisfeito com a existência *em geral* e refere-se unicamente a ela – e não exclusivamente a uma existência específica, individual, pois ele não está absolutamente voltado para esta última, embora sempre aparente estar, simplesmente porque um tal desejo não pode chegar à consciência senão em um ente individual; por isso parece sempre referir-se unicamente a ele. Contudo, isso é uma mera ilusão, à qual, decerto, adere a limitação do indivíduo; a reflexão, porém, pode destruí-la e dela nos libertar. Pois o que exige a existência com tanto ímpeto é apenas *indiretamente* o indivíduo; de maneira direta e propriamente, porém, quem a exige é a vontade de vida em geral, que é uma e a mesma em todos. Como, porém, a própria existência é obra de sua liberdade, sim, um mero reflexo seu, ela não pode lhe escapar: essa vontade, porém, satisfaz-se provisoriamente com a existência em geral – a saber, na medida em que ela, que é eternamente insatisfeita, pode ser satisfeita. As individualidades são-lhe indiferentes: ela não trata delas, propriamente; embora pareça fazê-lo para o indivíduo, que a apreende imediatamente apenas dentro de si. Isso faz com que este vele por essa sua própria existência com um cuidado que não teria de outro modo, assegurando, justamente por meio disso, a conservação da espécie. Disso resulta que a individualidade não é nenhuma plenitude, mas uma limitação: por isso não é um prejuízo, mas muito antes um ganho livrar-se dela. Abre mão, portanto, de uma preocupação que, caso conhecesses tua própria essência inteira e profundamente – isto é, caso a conhecesses como a vontade de vida universal que és –, te pareceria, sem dúvida, infantil e sobremaneira ridícula.

TRASÍMACO. Pois eu digo que infantil e sobremaneira ridículo és tu, assim como todos os filósofos; e é apenas por diversão e para matar o tempo que um homem maduro como eu se permite tratar um quartinho de hora com essa espécie de néscios. Tenho agora coisas mais importantes para fazer – adeus!

Sobre a nulidade da existência[1]

§ 1.

Essa nulidade encontra sua expressão na forma da existência como um todo, na infinitude do tempo e do espaço, em oposição à finitude do indivíduo em ambos; no presente sem duração como o único modo de existência da realidade; na dependência e relatividade de todas as coisas; no constante devir sem ser; no constante desejar sem satisfação; na constante resistência contra a morte em que consiste a vida, até que ela seja finalmente superada. O *tempo* e a *transitoriedade* de todas as coisas nele e por meio dele são apenas a forma em que a *nulidade* do esforço da vontade de vida se manifesta para ela mesma, que, enquanto coisa em si, é perene. – O *tempo* é aquilo graças a que tudo, a todo instante, se desfaz em nossas mãos – o que faz com que tudo seja privado de qualquer valor verdadeiro.

§ 2.

Aquilo que *foi* não *é* mais, é tão pouco quanto aquilo que *jamais* foi. Mas tudo quanto é já terá sido no instante seguinte. Por isso, o presente mais insignificante tem, mesmo perante o passado mais significativo, a vantagem de ser *real*; de modo que aquele está para este como algo está para nada. –

---

1. Correspondente ao capítulo 11 do vol. II de *Parerga e paralipomena*. (N.T.)

Para nosso espanto, passamos a existir de uma vez, após não termos existido durante inúmeros milênios, para, após um breve tempo, passarmos novamente a não existir por um período igualmente longo. – Isso não pode estar certo, de modo algum, diz o coração: e é forçoso que mesmo à inteligência mais rústica se abra, a partir de considerações dessa espécie, uma noção da idealidade do tempo. Esta, porém, juntamente com a do espaço, é a chave para toda verdadeira metafísica; porque por meio dela ganha-se espaço para uma ordem das coisas completamente diferente daquela da natureza. É por isso que Kant é tão grande.

O "é" pertence a todo e qualquer evento de nossa vida apenas durante um instante; e, após isso, para sempre o "foi". A cada anoitecer, ficamos um dia mais pobres. Haveríamos, talvez, de nos enfurecer com a visão desse escoamento de nosso curto período de tempo, não houvesse, no fundo mais íntimo de nosso ser, uma secreta consciência de que a fonte inesgotável da eternidade nos pertence para, sem cessar, podermos renovar a partir dela o tempo da vida.

É, sem dúvida, possível fundamentar sobre considerações tais como as feitas acima a doutrina de que desfrutar do presente e tornar isso o objetivo da vida seria a maior de todas as *sabedorias*; porque, afinal, somente o presente seria real, e todo o resto apenas um jogo intelectual. Mas com igual razão poder-se-ia chamá-lo de a maior de todas as *tolices*: pois o que no próximo instante não é mais, o que desaparece inteiramente, como um sonho, jamais valerá um esforço considerável.

§ 3.

Nossa existência não tem qualquer solo ou fundamento em que se apoiar, a não ser o do presente evanescente. Por isso, sua forma é o *movimento* contínuo, sem qualquer possibilidade do repouso pelo qual constantemente ansiamos. Ela é como o passo de alguém que corre montanha abaixo, e que, caso quisesse ficar parado, haveria de cair, e que só se mantém de pé por seguir correndo; ou como uma vara equilibrada sobre a ponta do dedo; ou ainda como o planeta que haveria de cair em seu sol tão logo cessasse de avançar inexoravelmente. – Ou seja, a ausência de repouso é o modo de ser da existência.

Em um mundo como esse, em que não é possível qualquer tipo de estabilidade, qualquer estado duradouro, mas onde tudo se encontra preso em um vórtice incessante de mudanças, onde tudo urge, voa e se mantém ereto sobre a corda andando e se movimentando constantemente – em um mundo como esse não é possível nem mesmo imaginar a felicidade. Ela não pode morar lá onde só existe o "constante devir e jamais ser" de Platão. Acima de tudo: ninguém é feliz; pelo contrário, todos anseiam a vida inteira por uma suposta felicidade que raramente alcançam, e mesmo então apenas para se decepcionarem: via de regra, porém, todos retornam ao porto náufragos e desmastreados. Mas então também é indiferente se foram felizes ou infelizes em uma vida que só consistiu em um presente sem duração e que agora chegou ao fim.

Entrementes é espantoso como, tanto no mundo humano como no animal, aquele movimento tão grande, diverso e incessante é produzido e mantido em marcha graças a dois simples motores, a fome e o impulso sexual, que são, no máximo, auxiliados um pouco pelo tédio, e que eles sejam capazes de fornecer o *primum mobile* [primeiro motor] da máquina tão complicada que movimenta esse colorido teatro de marionetes.

Se, porém, considerarmos agora a coisa mais de perto, veremos, antes de mais nada, a existência do que é inorgânico ameaçada a cada instante e finalmente deteriorada pelas forças químicas; a daquilo que é orgânico, em contrapartida, possibilitada apenas pela troca constante de matéria, a qual exige um influxo constante e, por conseguinte, ajuda externa. Portanto, a vida orgânica já é em si mesma como a vara equilibrada na mão, a qual precisa estar constantemente em movimento, e é, por isso, uma carência constante, uma privação que sempre retorna e uma necessidade sem fim. Contudo, a consciência só é possível por meio dessa vida orgânica. – Tudo isso é, portanto, a *existência finita*; de modo que seria possível, por oposição, imaginar uma existência *infinita* como uma existência que não estivesse exposta a ameaças externas, nem carente de auxílio de fora, e portanto αει ὠσαυτως ον [sempre idêntica a si própria], em repouso eterno, ουτε γιγνομενον, ουτε απολλυμενον [nem surgindo, nem perecendo][2], sem câmbio, sem tempo, sem multiplicidade ou distinção – cujo conhecimento negativo constitui o tom fundamental da filosofia de Platão. A existência para a qual a negação da vontade de vida abre o caminho tem que ser desse tipo.

---

2. Segundo Platão, *Timeu*. (N.T.)

§ 4.

As cenas de nossa vida são como as imagens em um mosaico grosseiro, as quais não têm efeito a curtas distâncias, mas das quais é preciso estar longe para achá-las belas. Por isso, obter algo por que se ansiava é o mesmo que se dar conta de que esse algo era vão, e por isso vivemos o tempo inteiro na esperança de algo melhor, e também com frequência simultaneamente em uma nostalgia arrependida do passado. O presente, em contrapartida, é aceito apenas provisoriamente e considerado como nada além de um caminho para a meta. Por isso, a maioria das pessoas, quando, chegando ao fim, olhar para trás, encontrará que viveu a vida inteira *ad interim* [provisoriamente] e admirar-se-á de ver que aquilo que deixou passar sem aproveitar ou dar qualquer atenção era justamente sua vida, justamente aquilo em cuja esperança se vivia. E, assim, o curso de vida das pessoas é via de regra o de, iludido pela esperança, cair dançando nos braços da morte.

Some-se agora a isso que a insaciabilidade da vontade individual, graças à qual cada satisfação produz um novo desejo, e sua ambição, eternamente insatisfeita, vão até o infinito! No entanto, no fundo, essa insaciabilidade deve-se ao fato de que a vontade, tomada em si mesma, é a senhora dos mundos, à qual tudo pertence, e à qual, justamente por isso, nenhuma parte, mas apenas o todo – o qual, porém, é infinito – poderia satisfazer. – Entretanto, dá pena observar o quão miserável é, em oposição a isso, a parte que cabe a essa senhora do mundo nos fenômenos individuais em que se manifesta: na maioria das vezes apenas o estritamente necessário para conservar o corpo individual. Daí sua profunda desgraça.

§ 5.

No presente período, espiritualmente impotente, caracterizado pela adoração de ruindades de toda espécie, – o qual pode ser designado de maneira bastante adequada pela palavra autofabricada, tão pretensiosa quanto cacofônica, *Jetztzeit* [atualidade][3], como se seu agora fosse o agora κατ' εξοχην [por excelência], o agora unicamente para cujo advento todos os demais agoras existiram – num tal presente tampouco os panteístas têm receio de falar que a vida seria, como eles dizem, um "fim em si mesmo". – Se esta nossa existência fosse a finalidade última do mundo, então esta seria a finalidade mais estúpida jamais almejada – quer tenhamos sido nós mesmos a almejá-la, ou um outro. –

A vida apresenta-se, antes de mais nada, como uma tarefa, a saber, a de conservá-la, de *gagner sa vie* [ganhar a vida]. Uma vez resolvida essa tarefa, o que foi ganho torna-se um fardo, e entra em cena a segunda tarefa, a saber, a de dispor do que foi adquirido para repelir o tédio que, como uma ave de rapina à espreita, lança-se sobre a vida de cada um, tão logo esta esteja assegurada. Portanto, a primeira tarefa é ganhar algo, e a segunda, torná-lo imperceptível após ter sido ganho, já que caso contrário tornar-se-ia um fardo. –

Se tentarmos abarcar o conjunto da humanidade em um único olhar, veremos por toda parte uma luta incessante pela vida e pela existência, uma contenda violenta, com empenho de todas as forças físicas e espirituais, contra perigos e males de toda espécie que nos ameaçam e a cada instante nos atingem. – E

---
3. Literalmente "tempo (*Zeit*) do agora (*jetzt*)". (N.T.)

se, então, considerarmos o prêmio a ser ganho com tudo isso, isto é, com a própria existência e a vida, encontraremos alguns intervalos de existência indolor que são imediatamente ameaçados pelo tédio e dos quais novas necessidades rapidamente dão cabo. –

Que o *tédio* seja imediatamente contíguo à *necessidade*, acometendo até mesmo os animais mais astutos, é consequência do fato de a vida não ter qualquer *conteúdo verdadeiro e genuíno*, sendo, pelo contrário, mantida em *movimento* apenas por meio da carência e da ilusão: de sorte que, tão logo este cesse, ficam evidentes a pobreza e o vazio completos da existência. –

Que a existência humana deva ser uma espécie de aberração fica suficientemente claro a partir da simples observação de que o ser humano é um composto de carências cuja difícil satisfação, porém, não lhe oferece nada além de um estado indolor, no qual ele esteja entregue somente ao tédio, o que praticamente comprova que a existência não tem qualquer valor em si: pois o tédio consiste justamente apenas na sensação do vazio dessa existência. Afinal, se a vida, em cujo desejo consiste nossa essência e existência, tivesse em si mesma um valor positivo e um conteúdo real, não seria absolutamente possível que existisse o tédio; pelo contrário, a mera existência, em si mesma, haveria de nos realizar e satisfazer. Mas ocorre que só nos alegramos com nossa existência ou no anseio, em que a distância e os obstáculos fazem o objetivo parecer satisfatório – ilusão que desaparece tão logo se o atinge –, ou então em uma ocupação meramente intelectual, na qual, no entanto, na verdade, nos retiramos da vida para observá-la de fora, como espectadores no camarote. Até o próprio deleite sensível consiste em um anseio constante e cessa tão logo seu objetivo é alcançado. Logo, sempre que não nos encontrarmos em um desses dois casos, mas estivermos remetidos à própria existência, persuadir-nos-emos de sua falta de teor e nulidade – e é isso o tédio. – Até mesmo o anseio inextinguível, inerente a nós, de nos agarramos ao que é milagroso demonstra como gostaríamos de ver interrompida a ordem natural, tão entediante, do curso das coisas. – Também o esplendor e a magnificência do que é grandioso, em suas pompas e solenidades, nada é, no fundo, senão um vão esforço por transcender a penúria essencial de nossa existência. Pois o que são, vistas à luz, pedras preciosas, pérolas, penas, veludo vermelho em meio a muitas velas, dançarinos e malabaristas, fantasias e mascaradas e tantas coisas desse gênero? – Nenhuma pessoa jamais se sentiu plenamente feliz no presente – a não ser que estivesse ébria.

§ 6.

Que o fenômeno mais perfeito da vontade de vida, que se apresenta no mecanismo tão extremamente sofisticado e complicado do organismo humano, tenha que se desfazer em pó, de modo que, assim, ao final, todo seu ser e ansiar se encontre evidentemente entregue à aniquilação – isso é a ingênua declaração da natureza, sempre veraz e franca, de que todo o esforço dessa vontade é essencialmente nulo. Fosse ele em si valioso, fosse ele algo que devesse ser incondicionalmente, então não teria o não ser como objetivo. – A sensação disso também se encontra na base da bela canção de Goethe:

> "Sobre a velha torre está
> Do herói o nobre espírito".[4]

– A *necessidade da morte* há de ser derivada, em primeira instância, do fato de o ser humano ser um mero fenômeno, nenhuma coisa em si, portanto nenhum οντως ον [ser que é]. Pois, caso o fosse, ele não poderia perecer. Que, porém, a coisa em si que subjaz a fenômenos dessa espécie só possa neles se apresentar é consequência da sua constituição.

Mas que distância há entre nosso início e nosso fim! – Aquele, no delírio do desejo e no deleite da volúpia; este, na destruição de todos os órgãos e no odor putrefato dos cadáveres. Também o caminho entre ambos, com vistas ao bem-estar e ao desfrute da vida, é sempre descendente: a infância feliz e sonhadora, a juventude alegre, a trabalhosa idade viril, a frágil, muitas vezes lastimável senilidade, os martírios da doença derradeira e finalmente a luta com a morte: – não chega quase a parecer que a existência seria um deslize, cujas consequências se tornam gradualmente mais e mais evidentes?

O mais correto será tomar a vida como um *desengaño*, uma desilusão: é isso que, de modo suficientemente visível, tudo procura nos mostrar.

§ 6a.

Nossa vida é de espécie *microscópica*: ela é um ponto indivisível que avistamos dilatado através de duas fortes lentes chamadas espaço e tempo e, por isso, em um tamanho bastante considerável. –

---
4. Goethe, *Geistes-Gruß* [Cumprimento do espírito]. (N.T.)

O tempo é um dispositivo em nosso cérebro para, por meio da duração, conferir uma aparência de realidade à existência *absolutamente nula* das coisas e de nós mesmos. –

Quão tolo é lastimar e lamentar que, em tempos passados, se tenha deixado inutilizada a ocasião para esta ou aquela felicidade ou prazer! Pois o que se teria ganhado agora com isso? A múmia raquítica de uma lembrança. No entanto, é isso que ocorre também com tudo o que realmente se passou conosco. Donde segue que a própria *forma do tempo* é propriamente o meio, como que calculado, para nos ensinar a *nulidade* de todos os deleites mundanos. –

Nossa existência, e a de todos os animais, não tem uma permanência firme, nem uma persistência, ao menos não no tempo; pelo contrário, ela é *uma mera existentia fluxa* [existência fluida], que se mantém unicamente por meio da mudança constante, comparável a um redemoinho na água. Pois a *forma* do corpo tem, sem dúvida, uma certa permanência durante algum tempo, mas apenas sob a condição de que a matéria seja trocada incessantemente, que a velha seja evacuada e nova matéria seja ingerida. Desse modo, a principal ocupação de todos esses entes consiste em angariar o tempo todo a matéria adequada a essa ingestão. Ao mesmo tempo, estão conscientes de que só do modo mencionado é possível conservar por algum tempo esse seu tipo de existência; por isso anseiam, com sua partida, transferi-la a um outro que ocupe sua posição: esse anseio aparece na autoconsciência sob a forma do impulso sexual e apresenta-se na consciência de outras coisas, isto é, na intuição objetiva, na figura das genitálias. Pode-se comparar esse impulso ao fio de um colar de pérolas, no qual os indivíduos que se sucedem velozmente corresponderiam às pérolas. Se acelerarmos essa sucessão na fantasia e virmos, na série inteira, assim como nos indivíduos, sempre apenas a permanência da forma, enquanto o material é trocado constantemente, perceberemos que temos apenas uma protoexistência. Essa concepção também se encontra na base da doutrina platônica das *ideias* como as únicas coisas realmente existentes e da constituição umbrática das coisas que lhes correspondem. –

Que sejamos *meros fenômenos*, em oposição às coisas em si, é comprovado, exemplificado e ilustrado pelo fato de a *conditio sine qua non* de nossa existência ser a constante excreção e ingestão de matéria, como nutrição, cuja necessidade sempre retorna: pois nisso somos como os fenômenos produzidos por meio de uma fumaça, uma chama ou um jato d'água, os quais desvanecem ou se interrompem tão logo lhes falta o influxo. –

Pode-se dizer também: a *vontade de vida* apresenta-se em uma porção de fenômenos que são totalmente *aniquilados*. Esse nada que eles se tornam, porém, permanece, juntamente com os fenômenos, no interior da vontade de vida, repousa sobre seu fundo. Isso é, decerto, obscuro. –

Se nos voltarmos da consideração do curso do mundo em geral e especialmente da sucessão extraordinariamente veloz das gerações humanas e de sua existência ilusória e efêmera para *a vida humana em detalhe*, como por exemplo a comédia a representa, então a impressão que esta agora produz é comparável à conferida pela visão, através de um microscópio solar, de uma gota em que pululam pequenos animais infusórios, ou de um montinho, de outro modo invisível, de vermes em um queijo, cuja fervorosa atividade e batalha faz rir. Pois, como aqui no espaço mais reduzido, também lá, no intervalo mais curto de tempo, a grandiosa e austera atividade tem um efeito cômico. –

Sobre o sofrimento do mundo[1]

§ 1.

Se o sofrimento não for a finalidade direta e imediata de nossa vida, nossa existência terá de ser a coisa mais despropositada que há no mundo. Pois é absurdo assumir que a dor incessante, surgida da carência essencial à vida, da qual o mundo está totalmente preenchido, deva ser desprovida de finalidade e puramente casual. Nossa sensibilidade para a dor é quase infinita, já a para o prazer tem limites estreitos. Com efeito, cada infortúnio singular parece ser uma exceção, mas o infortúnio em geral é a regra.

§ 2.

Da mesma maneira que o riacho não faz torvelinhos enquanto não encontrar um obstáculo, também a natureza humana, assim como a animal, determina que não notemos propriamente nem nos demos conta de tudo que vai de acordo com nossa vontade. Para que notemos algo, esse algo não pode ter sido diretamente de acordo com nossa vontade, mas precisa ter sofrido algum empecilho. – Em contrapartida, tudo quanto se oponha à nossa vontade, que a contrarie, que dela divirja, ou seja, tudo que é desagradável e doloroso, sentimo-lo imediatamente, sem demora e com grande nitidez. Assim como *não sentimos* a saúde de nosso corpo inteiro, mas apenas o pequeno ponto em que o

---

1. Correspondente ao capítulo 12 do vol. II de *Parerga e paralipomena*. (N.T.)

sapato nos aperta, tampouco pensamos no conjunto de nossos assuntos que vão perfeitamente bem, mas em alguma ninharia insignificante qualquer que nos contraria. – Nisso baseia-se a negatividade do bem-estar e da felicidade, em oposição à positividade da dor, frequentemente enfatizada por mim.

Não conheço, portanto, absurdo maior que o da maioria dos sistemas metafísicos, que explica os males como algo negativo[2], ao passo que estes são justamente o que é positivo, que se faz sensível; em contrapartida, o que é bom, quer dizer, toda felicidade e toda satisfação, é o negativo, a saber, a mera suspensão do desejo e o fim de um suplício.

Com isso concorda também o fato de que, via de regra, as alegrias se encontram muito abaixo, e as dores muito acima de nossas expectativas. –

Quem quiser pôr brevemente à prova a afirmação de que, no mundo, o prazer é preponderante à dor, ou ao menos equivalente a ela, que compare a sensação do animal que devora um outro com a do que é devorado.

§ 3.

O consolo mais eficaz para toda infelicidade e sofrimento é olhar para outros que são ainda mais infelizes que nós: e todos podem fazê-lo. Mas o que significa isso para o todo?

Somos como os cordeiros que brincam no prado enquanto o açougueiro já escolhe um ou outro deles

---

2. Leibniz é especialmente enfático neste ponto, esforçando-se (*Teodiceia*, § 153) por dar consistência à coisa por meio de um sofisma evidente e lastimável.

com o olhar: pois não sabemos, em nossos dias bons, que infortúnio o destino prepara neste instante para nós – doença, perseguição, empobrecimento, mutilação, cegueira, loucura, morte etc. –

A história mostra-nos a vida dos povos e não encontra nada além de guerras e rebeliões para narrar: os anos pacíficos aparecem apenas de vez em quando, como breves pausas, entreatos. E, igualmente, a vida do indivíduo é uma luta constante, e não apenas metaforicamente, com a necessidade ou com o tédio, mas também realmente, com outros indivíduos. Ele encontra por toda parte seu antagonista, vive em luta constante e morre com as armas à mão. –

§ 4.

Igualmente, não contribui pouco ao flagelo de nossa existência que *o tempo* urja, não nos deixe tomar fôlego e persiga a todos como um capataz com a chibata. – Os únicos que ele não acossa são aqueles que entregou ao tédio.

§ 5.

Contudo, assim como nosso corpo haveria de estourar se lhe fosse subtraída a pressão da atmosfera, se a pressão da necessidade, da fadiga, das tribulações e da frustração dos esforços fosse tirada da vida das pessoas, sua altivez também haveria de se elevar, ainda que não até estourarem, pelo menos até as expressões da nescidade mais desenfreada, sim, do verdadeiro frenesi. – Cada um precisa, a todo tempo, de uma certa quantidade de preocupação, ou dor, ou necessidade, assim como o navio precisa do lastro para prosseguir com firmeza e retidão.

Trabalho, flagelo, esforço e *necessidade* constituem, aliás, a sorte de quase todas as pessoas durante a vida inteira. Mas, se todos os desejos fossem realizados tão logo surgissem, com o que haveria de ser preenchida a vida humana, com o que haveria de ser gasto o tempo? Desloque-se essa gente para um País da Cocanha, onde tudo crescesse por conta própria e as pombas voassem por aí já assadas, em que todos também encontrassem logo a mulher de seus sonhos e se mantivessem sem dificuldade. – As pessoas haveriam então, em parte, de morrer de tédio ou se enforcar, em parte haveriam de guerrear umas com as outras, esganar-se e assassinar-se mutuamente, e assim causar mais sofrimento a si mesmas do que agora a natureza lhes impõe. – Ou seja, para uma gente assim não há outro cenário, outra existência adequada.

§ 6.

Devido à negatividade do bem-estar e do prazer acima relembrada, em oposição à positividade da dor, a felicidade de uma dada trajetória de vida não deve ser avaliada segundo suas alegrias e deleites, mas segundo a ausência de sofrimento, que é o que há de positivo. Mas então a sorte dos animais parecerá mais suportável que a do homem. Consideremos ambas um pouco mais de perto.

Por mais diversas que sejam as formas em que a felicidade e a infelicidade do ser humano se apresentam, incitando-o a perseguir aquela – ou a fugir desta –, a base material disso tudo não deixa de ser o prazer ou a dor físicos. Essa base é deveras estreita: ela consiste em saúde, nutrição, proteção da umidade e do frio e satisfação sexual, ou então na falta dessas coisas. Consequentemente, em termos de prazer físico real, o ser humano não tem mais que o animal; a não ser eventualmente na medida em que seu sistema nervoso de maior potência eleva a sensação de todo prazer, mas também de toda dor. Mas como os afetos nele excitados são mais fortes do que os dos animais! Quão desproporcionais são a profundeza e a veemência com que é afetado o seu ânimo! – e tudo isso para, no fim, alcançar apenas o mesmo resultado: saúde, nutrição, abrigo etc.

Isso ocorre, antes de mais nada, porque nele tudo adquire uma poderosa intensificação por meio do pensamento sobre o que está ausente e sobre coisas futuras, dado que é somente com isso que a preocupação, o temor e a esperança entram realmente na existência, afligindo-o muito mais intensamente do que é capaz a realidade presente dos prazeres ou sofrimentos, à qual o animal se encontra limitado. Pois a este falta, com a reflexão, o condensador das alegrias e dos sofrimentos, que, por isso, não podem se acumular como no homem, por meio de lembrança e previsão: pelo contrário, para o animal o sofrimento do presente, mesmo retornando sucessivamente incontáveis vezes, permanece sendo, não obstante, como da primeira vez, o sofrimento do presente, não podendo somar-se aos demais. Vem daí a invejável despreocupação e serenidade dos animais. Em contrapartida, por meio da reflexão e daquilo que dela depende, desenvolve-se no homem, a partir daqueles mesmos elementos do prazer e do sofrimento que o animal tem em comum com ele, uma elevação da sensação de sua felicidade ou infelicidade que pode levar até o êxtase momentâneo, o qual por vezes chega a ser mortal, ou também ao suicídio desesperado. Visto mais de perto, a coisa se passa da seguinte maneira. Suas carências, que originariamente são apenas pouco mais difíceis de satisfazer que as do animal, ele as eleva intencionalmente, para elevar o prazer: daí o luxo, as iguarias, o tabaco, o ópio, bebidas espirituosas, pompa e todo esse gênero de coisas. Além disso, igualmente por consequência da reflexão, há também uma fonte de prazer – e, consequentemente, de sofrimento – que flui unicamente para ele, que o mobiliza para além de toda medida, sim, quase mais que todas as demais, a saber, a ambição e o sentimento de honra e vexame – em prosa: sua opinião sobre a opinião de outros sobre ele. Esta, então, sob uma miríade de figuras frequentemente bastante peculiares, torna-se a meta de quase todos os seus esforços que transcendam o prazer ou a dor físicos. É verdade que ele tem, sem dúvida, em relação ao animal, a vantagem dos prazeres autenticamente intelectuais, os quais admitem toda uma gama de gradações, desde a brincadeira mais simplória ou a conversação até os feitos intelectuais mais eminentes: mas, como contrapeso a isso, do lado dos sofrimentos, surge para ele o tédio, que o animal, pelo menos no estado de natureza, não conhece, mas do qual apenas os animais mais astutos sentem leves acessos no estado domesticado; enquanto para o homem ele se torna um verdadeiro carrasco, o que pode ser visto especialmente naquele batalhão de miseráveis que sempre visaram apenas a encher a carteira, mas jamais a cabeça, e para os quais, então, justamente sua prosperidade se torna castigo, na medida em que os entrega às mãos do tédio torturante, do qual agora buscam escapar ora correndo, ora vagando, ora viajando por aí, e que, por toda parte, tão logo chegam, se informam apreensivamente sobre os *recursos de entretenimento* do lugar, da mesma maneira que o necessitado pergunta por seus *recursos de sustento* – pois necessidade e tédio são, com efeito, os dois polos da vida humana. Finalmente, é de se mencionar ainda que, no ser humano, associa-se à satisfação sexual uma seleção peculiar somente a ele, altamente idiossincrática, a qual por vezes se eleva até o amor mais ou menos passional, ao qual dediquei um capítulo minucioso no segundo volume de minha obra magna. Graças a isso, o amor torna-se para ele uma fonte de longos sofrimentos e breves alegrias.

Entretanto, é de se admirar como, por meio da adição do pensar, que falta ao animal, se ergue, sobre a mesma estreita base dos sofrimentos e alegrias, que também o animal possui, o edifício tão alto e extenso da felicidade e da infelicidade humanas, em relação ao qual seu ânimo se encontra entregue a afetos, paixões e abalos tão fortes que sua impressão se torna legível em traços permanentes de seu rosto; enquanto, afinal, na realidade, se trata apenas das mesmas coisas que também o animal obtém, aliás com um dispêndio incomparavelmente menor de afetos e torturas. Por meio disso tudo, porém, a medida da dor no homem cresce muito mais que a do prazer, e é então ainda aumentada consideravelmente pelo fato de ele efetivamente *saber* da morte, enquanto o animal apenas foge dela instintivamente, sem realmente conhecê-la e, portanto, sem jamais encará-la de fato, como o homem, que tem constantemente essa perspectiva diante de si. Desse modo, então, mesmo considerando que apenas poucos animais morrem uma morte natural e a maioria só ganha tempo suficiente para procriar sua espécie, para então, se não antes disso, tornar-se presa de um outro, e que somente o ser humano, em contrapartida, chegou ao ponto de, em sua espécie, a assim chamada morte natural ter se tornado regra – a qual, entretanto, sofre exceções consideráveis –, não obstante, pela razão acima exposta, os animais permanecem em vantagem. Além disso, o ser humano alcança seu verdadeiro objetivo de vida natural tão raramente quanto estes, pois a perversão de seu modo de vida, juntamente com seus esforços e paixões e a degeneração da raça decorrente de tudo isso, raramente lhe permitem alcançá-lo.

Os animais satisfazem-se muito mais que nós com a mera existência; a planta, completamente; o ser humano sempre apenas segundo o grau de seu embotamento. Consequentemente, a vida do animal contém menos sofrimentos, mas também menos alegrias que a vida humana. Isso deve-se, antes de mais nada, ao fato de ele, por um lado, permanecer livre da *preocupação* e da *inquietação*, assim como do suplício que lhe é próprio, e de, por outro lado, tampouco ter *esperança* propriamente dita, não participando, portanto, dessa antecipação de um futuro alegre por meio de pensamentos, juntamente com as fantasmagorias animadoras acrescentadas pela fantasia que a acompanham, que são fonte de nossas maiores e mais frequentes alegrias e prazeres, de modo que o animal é desesperançoso nesse sentido. Ambas essas ausências ocorrem porque sua consciência se encontra limitada ao intuitivo e, logo, ao presente; por isso, ele só conhece um temer e esperar em relação a objetos que já se encontrem intuitivamente presentes para ele, o qual, portanto, tem um alcance extremamente curto; enquanto o temor e a esperança humanos têm um campo de visão que abarca a vida inteira, sim, que chega a transcendê-la. – Mas, justamente por causa disso, de certo ponto de vista, os animais, se comparados a nós, parecem realmente sábios, a saber, em seu desfrute tranquilo, imperturbado do presente. O animal é o presente corporificado: a paz de espírito manifesta de que participa graças a isso faz com que amiúde nos envergonhemos de nosso estado, frequentemente intranquilo e insatisfeito devido a pensamentos e preocupações. E até mesmo as alegrias da esperança e da antecipação de que falamos não as temos gratuitamente. Pois aquilo de que alguém desfruta por meio de esperanças e expectativas quanto a uma satisfação, tendo sido tomado antecipadamente do desfrute efetivo desta, é depois dele subtraído, uma vez que a própria coisa então satisfará tanto menos. O animal, em contrapartida, sendo privado do desfrute antecipado, o é também dessa dedução do prazer, e, portanto, desfruta completamente e sem subtrações do que está realmente presente. E igualmente os males oprimem-no apenas com seu peso próprio efetivo, enquanto que o temor e a previsão, ἡ προσδοκια των κακων [o medo do que é ruim], frequentemente os multiplicam por dez.

Justamente essa *completa absorção pelo presente* própria aos animais contribui muito para a alegria que nossos animais domésticos nos dão: eles são a personificação do presente e tornam sensível, em certa medida, o valor de cada hora livre de conturbações e atribulações, enquanto que nós, na maioria das vezes, as transcendemos com nossos pensamentos e não lhes damos atenção. Mas o homem egoísta e sem coração abusa da mencionada propriedade dos animais de se satisfazerem mais do que nós com a mera existência, e frequentemente a explora em tal medida que não permite ao animal nada além da mera existência, pura e simples: o pássaro, cuja constituição é organizada para cruzar meio mundo, ele aprisiona em um espaço de um pé cúbico, onde ele morre lentamente de tanto ansiar e berrar: pois

> *l'uccello nella gabbia*
> *Canta non di piacere, ma di rabbia,*
> [A ave engaiolada
> Não canta de prazer, mas de raiva.]

e o seu amigo mais fiel, o cão, um animal tão inteligente – ele o acorrenta! Nunca vejo um cão nesse estado sem sentir uma compaixão íntima para com ele e uma profunda indignação em relação ao seu senhor, e penso com satisfação no caso relatado pelo *Times* há alguns anos, em que um lorde, que mantinha um grande cão acorrentado, certa vez, ao atravessar seu pátio, teve a ideia de querer acariciar o cão, ao que este imediatamente rasgou seu braço de cima a baixo – com razão! Ele queria dizer com isso: "Não és meu senhor, mas meu diabo, que torna minha breve existência um inferno". Que se passe o mesmo com todos que acorrentam cães.

§ 7.

Se, então, resulta do acima exposto que é a potência cognitiva mais elevada que torna a vida do ser humano mais plena de dores do que a do animal, podemos agora reconduzir esse enunciado a uma lei mais geral e adquirir com isso um panorama muito mais amplo.

Em si mesmo o conhecimento é sempre indolor. A dor afeta unicamente a *vontade* e consiste na obstrução, no impedimento, no contrariar desta: não obstante, é preciso que essa obstrução seja acompanhada pela cognição. Pois assim como a luz ilumina o espaço somente quando existem objetos que a reflitam; assim como o som requer a ressonância, e o próprio ruído só se torna audível na medida em que as ondas do ar em vibração se chocam contra corpos sólidos, de modo que em cumes isolados ele resulta notavelmente fraco e um canto, por exemplo, tem menos efeito quando entoado a céu aberto – da mesma maneira a obstrução da *vontade*, para que seja sentida como dor, precisa ser acompanhada da *cognição*, a qual, não obstante, é em si mesma estranha a toda e qualquer dor.

Por isso, já a dor *física* é condicionada por nervos e por sua conexão com o cérebro, razão pela qual a lesão de um membro não é sentida se os nervos que o ligam ao cérebro se encontram rompidos ou se o próprio cérebro se encontra entorpecido pelo clorofórmio. Justamente por isso, também na morte consideramos indolores todos os espasmos posteriores à extinção da consciência. Que a dor *espiritual* seja condicionada pela cognição é evidente, e é fácil concluir que ela cresce com os graus dela, além de ter sido comprovado no que foi dito acima, assim como em minha obra magna (vol. I, § 56). – Portanto, podemos expressar figurativamente toda essa situação da seguinte maneira: a vontade é a corda, o contrariar ou a sua obstrução é a vibração, a cognição é a caixa de ressonância, e a dor é o som.

Por consequência, então, não apenas o que é inorgânico, mas também a planta é incapaz de sentir dor; por mais que a vontade sofra obstruções em ambos. Em contrapartida, todo animal, até mesmo um infusório, sente dor; pois a cognição, por mais imperfeita que seja, é o verdadeiro caráter da animalidade. Com sua elevação na escala dos animais cresce, correspondentemente, também a dor. Logo, ela ainda é extremamente ínfima entre os animais inferiores: é por isso que, por exemplo, insetos que arrastam atrás de si seu abdômen amputado e preso somente por um intestino ainda conseguem comer nesse estado. Mas até mesmo entre os animais mais elevados, por causa da ausência de conceitos e pensamentos, a dor não chega nem perto da do ser humano. Ademais, a capacidade para sentir dor só pôde alcançar seu ápice onde, graças à razão e seu discernimento, também a possibilidade da negação da vontade estivesse dada. Pois, sem esta última, aquela teria sido uma crueldade sem propósito.

§ 8.

No início da juventude colocamo-nos diante do curso de vida que se nos antepõe como as crianças diante das cortinas no teatro, com uma alegre e ansiosa expectativa em relação às coisas que irão aparecer. É uma felicidade que não saibamos o que realmente haverá de vir. Pois, àquele que o sabe, as crianças podem por vezes parecer delinquentes inocentes, condenadas não à morte, mas à vida, e que, no entanto, ainda não ouviram o teor de sua condenação. – Não obstante, todo mundo deseja atingir uma idade avançada, portanto um estado em que valha o seguinte: "Hoje está ruim e tudo piora a cada dia – até que venha o pior".

§ 9.

Se pensarmos, na medida do possível, por meio de aproximações, na soma de necessidades, dores e sofrimentos de toda espécie que o Sol ilumina em seu curso, então será o caso de objetar que seria muito melhor se ele não tivesse produzido na Terra o fenômeno da vida, como é o caso na Lua, mas que, pelo contrário, como nesta, também naquela a superfície ainda se encontrasse em um estado cristalino. –

Também é possível conceber nossa vida como um episódio de estorvo inútil na bem-aventurada tranquilidade do nada. Seja como for, mesmo quem teve uma vida suportável, quanto mais viver, tanto mais se dará conta de que, no todo, ela é *a disappointment, nay, a cheat* [uma decepção, até mesmo um ludíbrio], ou, para falar em nossa língua, que ela carrega o caráter de uma grande mistificação, para não dizer de uma trapaça. Quando dois amigos de juventude se reveem como anciãos, após uma separação de uma vida humana inteira, então a sensação predominante que a visão de um provoca no outro, estando ligada à lembrança de tempos anteriores, é a do completo *disappointment com relação à vida inteira*, já que esta outrora, na luz rósea da aurora da juventude, se lhes antepusera tão belamente, tanto prometera, e tão pouco cumpriu. Esse sentimento predomina tão decididamente em seu reencontro que eles nem mesmo consideram necessário expressá-lo com palavras, mas, pressupondo-o mutuamente em silêncio, assim seguem conversando. –

Quem vivencia *duas ou até mesmo três gerações* do gênero humano tem a sensação como a de um espectador das variadas barracas de malabaristas durante um festival que permanece sentado e assiste uma tal apresentação repetida duas ou três vezes em seguida: pois as peripécias eram calculadas apenas para uma única apresentação, e, por isso, não têm mais efeito depois de a ilusão e a novidade terem desaparecido. –

É querer enlouquecer contemplar a parafernália tão exagerada das inúmeras estrelas fixas flamejantes no espaço infinito que nada mais têm a fazer além de iluminar mundos que são o cenário da necessidade e do lamento e que, no melhor dos casos, não produzem nada melhor que o tédio – pelo menos a julgar pela amostra que nos é conhecida. –

Ninguém é muito *invejável*, mas há inúmeros que são muito *lamentáveis*. –

A vida é uma tarefa que precisa ser cumprida com trabalho: nesse sentido, *defunctus*[3] é uma bela expressão. –

Suponhamos por um instante que o coito não fosse nem uma necessidade, nem acompanhado de volúpia, mas que fosse objeto de reflexão pura e racional: poderia então o gênero humano perdurar? Não

---

3. "Defunto" – literalmente quem cumpriu ou está dispensado de sua função. (N.T.)

haveriam todos, muito antes, de ter tanta compaixão com a geração vindoura que prefeririam poupá-la do fardo da existência, ou pelo menos não ter a responsabilidade de proporcioná-la a eles a sangue frio? –

O mundo nada mais é que *o inferno*, e as pessoas são, por um lado, as almas torturadas e, por outro, os diabos.

E agora terei certamente de ouvir outra vez que minha filosofia é desoladora – unicamente porque digo a verdade, enquanto as pessoas, porém, querem ouvir que o Senhor fez tudo bem. Ide à igreja e deixai em paz os filósofos. Pelo menos não exijais que eles moldem suas doutrinas segundo o vosso adestramento: quem faz isso são os patifes, os filosofastros: deles podeis encomendar as doutrinas que quiserdes.[4]

Brahma produz o mundo por meio de uma espécie de pecado original ou transviamento, mas em compensação permanece nele para expiá-lo até que dele se tenha redimido. – Ótimo! – No *budismo* o mundo se constitui após um longo repouso, por consequência de uma turvação inexplicável da clareza celeste do bem-aventurado estado de *nirvana*, ou seja, por meio de uma espécie de fatalidade, a qual, porém, no fundo, deve ser entendida em sentido moral; muito embora a coisa tenha no âmbito físico uma ilustração e uma analogia que lhe correspondem com precisão, a saber, na formação de uma nebulosa galáctica primordial da qual se faz um sol. Em seguida, porém, devido a desvios morais, também em nível físico ele se torna cada vez pior, até assumir a triste figura que tem atualmente. – Excelente! – Para os *gregos*,

---

[4]. Desconcertar o otimismo obrigatório dos professores de filosofia é tão fácil quanto agradável. –

o mundo e os deuses eram obra de uma necessidade insondável: – isso é suportável, uma vez que nos satisfaz, pelo menos provisoriamente. – *Ormuzd* vive em luta com *Ahriman*: – isso é aceitável ouvir. – Mas um deus como *Jeová*, que produz este mundo da necessidade e do lamento *animi causa* [para seu deleite] e *de gaieté de coeur* [com gosto] e ainda bate palmas para si mesmo dizendo παντα καλα λιαν [tudo era bom][5] – isso é insuportável. Se, então, vemos a religião judaica ocupar, nesse aspecto, a posição mais inferior entre as doutrinas de fé de povos civilizados, isso concorda plenamente com o fato de ela ser também a única que não contém absolutamente nenhuma doutrina da imortalidade, nem qualquer vestígio dela. (Veja-se o primeiro volume desta obra, p. 119 ss.[6])

Mesmo que fosse correta a demonstração leibniziana de que, entre os mundos *possíveis*, este ainda seria o melhor, ela ainda não forneceria nenhuma *teodiceia*. Pois o Criador não criou apenas o mundo, mas também a própria possibilidade: logo, ele a deveria ter ajustado de tal maneira que permitisse um mundo melhor.

Mas, seja como for, a miséria que preenche o mundo, de um lado, e, de outro, a evidente imperfeição e até mesmo distorção burlesca do mais perfeito de seus fenômenos, o humano, exclamam demasiado alto contra uma tal concepção deste como a obra bem-sucedida de um ente sumamente sábio, bom e ainda por cima onipotente. Há aqui uma dissonância insolúvel. Em contrapartida, justamente essas

---

5. Moisés 1, 1, 31. (N.T.)
6. Referência a *Parerga e paralipomena I*, "Fragmentos sobre a história da filosofia", § 13. (N.T.)

circunstâncias concordarão com nosso discurso e servirão como confirmações dele se apreendermos o mundo como obra de nossa própria culpa e, portanto, como algo que melhor seria se não fosse. Enquanto elas, diante daquela primeira suposição, se tornam uma amarga acusação contra o Criador e fornecem material para sarcasmos, aparecem, diante da última, como uma acusação contra nossa própria essência e vontade, adequada para nossa humilhação. Pois elas nos conduzem à compreensão de que nós, assim como filhos de pais negligentes, já viemos ao mundo endividados e que nossa existência resulta tão miserável e tem a morte como *finale* unicamente porque precisamos expiar essa dívida constantemente. Nada é mais certo do que a noção de que, dito de maneira geral, é o grave *pecado do mundo* que produz os muitos e grandes *sofrimentos do mundo*; mas isso não com referência à conexão física e empírica, mas à metafísica. Deste ponto de vista, é unicamente a história do pecado original que me reconcilia com o Antigo Testamento: a meu ver, ela chega a ser a única verdade metafísica contida nele, ainda que aparecendo sob as vestes da alegoria. Pois não há nada com que nossa existência se pareça tão completamente quanto com a consequência de um desvio e de uma concupiscência passível de punição. Não posso deixar de recomendar ao leitor pensante uma consideração popular, mas sobremaneira efusiva sobre este objeto, de Claudius, a qual evidencia o espírito essencialmente pessimista do cristianismo: ela encontra-se sob o título "Maldita seja a lavoura por tua causa", na quarta parte do *Wandsbecker Bote* [Mensageiro de Wandsbeck].

Para ter a todo tempo à mão uma bússola segura de orientação na vida e para sempre consultá-la à luz correta, sem jamais errar, não há nada mais apropriado do que acostumar-se a considerar este mundo como um local de expiação, portanto como algo semelhante a uma instituição penitenciária, *a penal colony* [uma colônia penal], um εργαστηριον [campo de trabalho], como já o chamavam os filósofos mais antigos (de acordo com *Clemente de Alexandria* em *Stromateis* [Miscelâneas] III, cap. 3, p. 399) e como, entre os cristãos Pais da Igreja, Orígenes o pronunciou com louvável audácia (veja-se a respeito *Agostinho*, *Cidade de Deus*, L, XI, cap. 23) – visão esta que também encontra justificação teórica e objetiva não apenas em minha filosofia, mas também na sabedoria de todos os tempos, a saber, no bramanismo, no budismo[7], em Empédocles e Pitágoras; assim como também Cícero (*Fragmenta de philosophia*, vol. 12, p. 316, editio Bipontini) alega que era ensinado por velhos sábios e na iniciação aos Mistérios que *nos ob aliqua scelera suscepta in vita superiore, poenarum luendarum causa natos esse* [teríamos vindo ao mundo por causa de certos erros cometidos em uma vida passada, para expiar as penas]. Vanini, a quem foi mais fácil queimar do que refutar, expressa-o da maneira mais veemente ao dizer: *Tot tantisque homo*

---

7. Para ter paciência na vida e suportar com serenidade os males e as pessoas não há nada mais apropriado do que uma advertência *budista* como a seguinte: "*Isto é Samsara*: o mundo do desejo e da cobiça, que por isso é o mundo do nascimento, da doença, do envelhecimento e da morte: ele é um mundo que não deveria ser. E *isto* aqui é a população da *Samsara*. Então como poderíeis esperar algo melhor?". Gostaria de recomendar a todos que repetissem isso a si mesmos com consciência quatro vezes ao dia.

repletus miseriis, ut si christianae religioni non repugnaret, dicere auderem: si daemones dantur, ipsi, in hominum corpora transmigrantes, sceleris poenas luunt [a humanidade é plena de tantos e tão grandes males que eu, caso isso não repugnasse à religião cristã, ousaria dizer: se há demônios, então eles expiam a pena de seus crimes em corpos humanos] (*De admirandis naturae* [*reginae deaeque mortalium*] *arcanis* [Sobre os admiráveis segredos da natureza, rainha e deusa dos mortais], diálogo L, p. 353.). Mas até mesmo no cristianismo autêntico e corretamente compreendido nossa existência é considerada consequência de uma culpa, de uma transgressão. Tendo adotado esse costume, as esperanças com relação à vida ajustar-se-ão a uma medida adequada, de modo que passaremos a considerar suas grandes e pequenas atribulações, sofrimentos, flagelos e misérias não mais como algo contrário à regra e inesperado, mas como algo completamente em ordem, por sabermos que aqui cada um é punido por sua existência, e cada um à sua maneira.[8] Ora, aos males de uma penitenciária pertence também a companhia que lá se encontra. A situação desta em que nos encontramos haverá de ser conhecida por quem, de algum modo, for digno de uma melhor, mesmo sem que eu o diga. E a bela alma então, como também o gênio, pode por vezes

---

[8]. A verdadeira medida para *julgar toda e qualquer pessoa* consiste em considerar que, na verdade, ela é um ente que não deveria absolutamente existir, mas que expia sua existência por meio de diversas formas de sofrimento e pela morte: – o que seria de se esperar de uma existência como essa? Não somos todos pecadores condenados à morte? Expiamos nosso nascimento primeiro com a vida e depois com a morte. – É isso que também é alegorizado no *pecado original*.

sentir-se nela como um nobre preso político na galera, entre criminosos comuns; razão pela qual, como este, procurará se isolar. De modo geral, porém, a mencionada concepção irá nos capacitar para considerar sem estranhamento, para não falar de indignação, as assim chamadas imperfeições, quer dizer, a ignominiosa constituição moral e intelectual e, correspondentemente, também fisionômica da maioria das pessoas: pois nos manteremos sempre conscientes de onde estamos e, consequentemente, consideraremos cada um antes de mais nada como um ente que só existe por consequência de sua pecaminosidade, cuja vida é a expiação da culpa de seu nascimento. É justamente isso que perfaz o que o cristianismo chama de natureza pecaminosa do homem: é ela, pois, a base dos entes que encontramos no mundo como nossos semelhantes; ao que ainda se soma que eles, por consequência da constituição deste mundo, se encontram, na maior parte, mais ou menos em um estado de sofrimento e insatisfação, o qual não é adequado para torná-los mais afetuosos e amorosos, e finalmente também que, na grande maioria dos casos, a capacidade de seu intelecto mal basta para o serviço à sua vontade. É, portanto, de acordo com isso que devemos regular nossas pretensões em relação à sociedade no mundo. Quem se ativer a esse ponto de vista poderia chamar o impulso à sociabilidade de uma inclinação funesta.

De fato, a convicção de que o mundo, portanto também o ser humano, é algo que na verdade não deveria ser é apropriada para nos encher de indulgência uns com os outros: pois o que se pode esperar de entes com um tal predicamento? – Sim, a partir deste ponto de vista poder-se-ia chegar ao pensamento de que a forma de tratamento realmente adequada entre as pessoas, em vez de *Monsieur*, *Sir* etc., poderia ser "companheiro de sofrimento, *socî malorum*, *compagnon de misères*, *my fellow-sufferer*". Por mais estranho que isso possa soar, corresponde, não obstante, ao teor da coisa, lança a luz correta sobre os demais e lembra o mais necessário, a saber: a tolerância, a paciência, o cuidado e o amor ao próximo de que todos precisam e que, portanto, também todos devem uns aos outros.

§ 9a.

O caráter das coisas deste mundo, em particular do mundo humano, não é tanto, como é dito com frequência, a *imperfeição*, mas muito mais a *deformação*, tanto moral quanto intelectual, física, enfim, em tudo. –

A desculpa que às vezes se ouve para alguns vícios – "mas isso é *natural para o ser humano*" – não é absolutamente suficiente; deve-se contestá-la da seguinte maneira: "justamente por ser ruim é *natural*, e justamente por ser *natural* é ruim". – Para compreendê-lo corretamente é preciso ter entendido o significado da doutrina do pecado original. –

Ao julgar um indivíduo humano dever-se-ia sempre manter o ponto de vista de que seu fundamento é algo que não deveria absolutamente ser, algo pecaminoso, pervertido, aquilo que foi entendido como pecado original, aquilo em função de que ele se encontra entregue à morte; constituição fundamental ruim esta que se caracteriza até mesmo pelo fato de ninguém suportar ser observado atentamente. O que podemos esperar de um ente como esse? Partindo, então, desse ponto de vista, haveremos de julgá-lo com indulgência, sem nos espantarmos se os demônios que nele vivem despertarem e meterem a cabeça para fora, e saberemos estimar melhor o bem que, não obstante, se encontrou nele, seja apenas por consequência do intelecto ou de qualquer outra coisa. – Em segundo lugar, porém, deve-se também considerar sua situação e levar em conta que a vida é essencialmente um estado de privação e frequentemente de miséria, em que cada um precisa batalhar e lutar por sua existência e, por isso, nem sempre pode manter uma expressão amável. – Se, ao contrário, o ser humano fosse aquilo que todas as religiões e filosofias otimistas querem fazer dele, isto é, a obra ou até mesmo a encarnação de um deus, de modo geral um ente que, em todos os sentidos, deveria ser, e ser de tal modo como é – quão diferente precisaria ser o efeito do primeiro olhar, de travar conhecimento e do trato continuado com cada pessoa, do que é agora o caso! –

Pardon is the word to all [o perdão é a palavra para todos] ([Shakespeare,] *Cymbeline*, ato 5, cena 5). Devemos ser indulgentes com cada tolice, defeito, vício humano, tendo em conta que o que temos diante de nós são apenas as nossas próprias tolices, defeitos e vícios: pois são justamente os defeitos da humanidade, à qual também nós pertencemos, de modo que todos os seus defeitos também estão em nós, portanto também aqueles com os quais agora mesmo nos indignamos, apenas porque não aparecem em nós neste momento preciso: pois eles não estão na superfície, mas encontram-se no fundo de nós, e à primeira ocasião haverão de emergir e se mostrar da mesma maneira como os vemos agora no outro – mesmo que em um se destaque um defeito, e em outro um outro, ou mesmo que não se possa negar que o conjunto de todas as propriedades ruins seja muito maior em um do que em outro. Pois a diferença entre as individualidades é incalculavelmente grande.

Sobre o suicídio[1]

§ 1.

Até onde eu saiba, é apenas nas religiões monoteístas, portanto judaicas, que os fiéis consideram o suicídio um crime. Isso torna-se ainda mais curioso se pensarmos que nem no Velho, nem no Novo Testamento é possível encontrar uma proibição, nem mesmo uma reprovação resoluta do suicídio; de modo que os catequistas têm de sustentar sua condenação com suas próprias razões filosóficas, as quais, porém, são tão ruins que eles buscam substituir a força que falta aos seus argumentos com a força da expressão de sua ojeriza, quer dizer, com insultos. De modo que precisamos então ouvir que o suicídio seria a maior covardia, que só seria possível na loucura, entre outras vulgaridades do gênero, ou também a frase totalmente sem sentido de que o suicídio seria "injusto", enquanto é evidente que ninguém tem um *direito* tão inquestionável sobre nada no mundo como tem sobre sua própria pessoa e sobre sua própria vida. (Cf. o § 121.) Como dito, o suicídio chega até mesmo a ser considerado um crime, e a isso liga-se, em especial na vulgarmente beata Inglaterra, um enterro ignominioso e o confisco da herança – razão pela qual o júri quase sempre dá o veredito de loucura. Deixemos o sentimento moral decidir uma vez e comparemos a impressão que nos

---

[1]. Correspondente ao capítulo 13 do vol. II de *Parerga e paralipomena*. (N.T.)

dá a notícia de que um conhecido cometeu um crime, ou seja, um assassinato, uma crueldade, uma fraude, um roubo, com a da notícia de sua morte voluntária. Enquanto a primeira evoca indignação vivaz, enorme revolta, clamor por punição ou vingança, a última provocará tristeza e compaixão, com as quais haverá de se misturar mais frequentemente uma certa admiração por sua coragem do que a reprovação moral que acompanha uma má ação. Quem não teve conhecidos, amigos, parentes, que se apartaram voluntariamente do mundo? – e todos devem pensar *neles* com aversão, como em criminosos? *Nego ac pernego!* [Nego e renego!] Sou muito mais da opinião de que o clero deveria alguma vez ser intimado a referir com que competência tacha de *crime*, em sermões e textos, uma ação que muitas pessoas honradas e amadas por nós cometeram e nega um enterro honrado àqueles que partem voluntariamente do mundo, sem que possa ostentar qualquer autoridade bíblica, nem ter qualquer argumento filosófico consistente para tanto – insistindo na exigência de *razões*, e que não serão aceitas em seu lugar expressões vazias ou insultos. – Que a justiça criminal condene o suicídio não é uma razão válida na igreja, sem contar que é decididamente ridículo: pois que castigo pode intimidar alguém que procura a morte? – Se se pune a *tentativa* de suicídio, então se pune a inabilidade graças à qual ela fracassou.

Também os antigos estavam longe de considerar a coisa desse ponto de vista. *Plínio* (*Historia natural*, livro 28, cap. 2; vol. IV, p. 351 da ed. Bipontini) diz: *Vitam quidem non adeo expetendam censemus, ut quoquo modo trahenda sit. Quisquis es talis, aeque moriere, etiam cum obscoenus vixeris, aut nefandus.*

Quapropter hoc primum quisque in remediis animi sui habeat: ex omnibus bonis, quae homini tribuit natura, nullum melius esse tempestiva morte: idque in ea optimum, quod illam sibi quisque praestare poterit [Somos da opinião de que não se deveria amar a vida tanto a ponto de prolongá-la de qualquer modo. Quem quer que sejas, irás morrer, quer tenhas vivido (bem ou) de modo obsceno ou nefando. Por isso, que todos preservem o seguinte como primeiro remédio da alma: que entre todos os bens que a natureza deu ao homem não há nenhum melhor que uma morte prematura: e o melhor nisso é que todos podem administrá-la a si mesmos]. O mesmo também diz (livro 2, cap. 5; vol. I, p. 125): *ne Deum quidem posse omnia. Namque nec sibi potest mortem consciscere, si velit, quod homini dedit optimum in tantis vitae poenis etc.* [Nem Deus pode tudo. Pois, mesmo que quisesse, ele não poderia decidir morrer, o que ele, porém, deu ao homem como a melhor dádiva em tantos sofrimentos da vida etc.]. Ora, em Marselha e na ilha de Ceos a cicuta era até mesmo fornecida publicamente pelo magistrado àquele que pudesse aferir razões convincentes para deixar a vida (*Valério Máximo*, livro II, cap. 6, § 7 e 8).[2] E quantos heróis e sábios da Antiguidade não deram fim à vida por meio da morte voluntária! Aristóteles diz, é verdade (*Ética a Nicômaco* V, 15), que o suicídio seria uma injustiça contra o Estado, embora não contra a própria pessoa: no entanto,

---

2. Na ilha de *Ceos* era costume os *anciãos* se entregarem *voluntariamente à morte.* – Ver a respeito *Valério Máximo*, livro II, cap. 6. – *Heraclides de Ponto, Fragmenta de rebus publicis* [Fragmentos sobre política] IX. – *Eliano, Varia historia* [Variedades históricas] III, 37. – *Estrabão*, livro X, cap. 5, § 6 da ed. Kramer.

Estobeu aduz a seguinte frase em sua apresentação da ética dos *peripatéticos* (*Eclogae ethica* II, cap. 7, vol. 3, p. 286): Φευκτον δε τον βιον γιγνεσθαι τοις μεν αγαθοις εν ταις αγαν ατυχιαις· τοις δε κακοις και εν ταις αγαν ευτυχιαις. (*Vitam autem relinquendam esse bonis in nimiis quidem miseriis, pravis vero in nimium quoque secundis.*) [Pessoas boas precisam fugir da vida quando em grande miséria, mas pessoas ruins também quando em grande felicidade.] E, similarmente, à p. 312: Διο και γαμησειν, και παιδοποιησεσθαι, και πολιτευσεσθαι *etc.* και καθολου την αρετην ασκουντα και μενειν εν τῳ βιῳ, και παλιν, ει δεοι, ποτε δι' αναγκας απαλλαγησεσθαι, ταφης προνοησαντα *etc.* (*Ideoque et uxorem ducturum, et liberos procreaturum, et ad civitatem accessurum etc. atque omnio virtutem colendo tum vitam servaturum, tum iterum, cogente necessitate, relicturum etc.*) [Por isso é preciso casar, gerar filhos, dedicar-se ao serviço à cidade etc. e, em geral, no cuidado com a virtude ora preservar a vida, mas ora, sob a coação da necessidade, deixá-la para trás.] Entre os estoicos vemos o suicídio ser até mesmo louvado como uma ação nobre e heroica; o que poderia ser atestado em centenas de passagens, das quais as mais fortes são de Sêneca. Mais além, é conhecido que entre os hindus o suicídio aparece frequentemente como ato religioso, especialmente na cremação de viúvas, também no jogar-se sob as rodas do carro divino em Jagannath, no entregar-se aos crocodilos do Ganges ou de lagoas sagradas em templos etc. Também no teatro, este espelho da vida: aqui vemos p. ex. na famosa peça chinesa *L'orphelin de la Chine* [O órfão da China] (tradução de St. Julien, 1834) quase todas as personagens nobres terminando por se suicidar, sem que fosse de qualquer modo insinuado, ou que o espectador pensasse que eles estariam a cometer um crime. Sim, no fundo não é diferente em nosso próprio palco: p. ex. Palmira no *Maomé*; Mortimer em *Maria Stuart*; Otelo; a condessa Terzky. E Sófocles:

– – λυσει μ' ὁ θεος, ὁταν αυτος θελω.
[O deus haverá de me libertar quando eu mesmo o quiser.][3]

Será o monólogo de Hamlet a meditação de um crime? Ele diz apenas que, se tivéssemos certeza de que seríamos absolutamente aniquilados com a morte, ela devia ser nossa escolha incondicional, diante da constituição do mundo. *But there lies the rub* [mas é esse o problema].[4] – Por outro lado, as razões contra o suicídio apresentadas pelos clérigos das religiões monoteístas, isto é, judias, e pelos filósofos que a eles se acomodam são sofismas fracos, de fácil refutação (veja-se minha dissertação *Sobre o fundamento da moral*, § 5). Sua refutação mais exaustiva foi fornecida por *Hume* em seu *Essay on Suicide*, o qual foi publicado apenas após a sua morte, tendo sido suprimido imediatamente pela afrontosa hipocrisia e pelo ignominioso domínio clerical na Inglaterra; razão pela qual apenas muito poucos exemplares foram vendidos secretamente e a preços altos, e nós devemos a conservação dessa e de uma outra dissertação desse grande homem à reimpressão feita na Basileia: *Essays on Suicide and the Immortality of the Soul*,

---

3. Na verdade Eurípides, *Bacantes*, 498. (N.T.)
4. *Hamlet*, 3, 1. (N.T.)

by the late David Hume [Ensaios sobre o suicídio e a imortalidade da alma, do falecido David Hume], Basil, 1799, sold by [vendido por] James Decker. 124 p. 8º. Que, porém, uma dissertação puramente filosófica, provinda de um dos maiores pensadores e escritores da Inglaterra, que refuta com frieza racional as razões mais passáveis contra o suicídio, tenha precisado sair de lá em segredo, de fininho, como se fosse algum tipo de desaforo, até encontrar proteção no estrangeiro, é motivo de grande vexame para a nação inglesa. E ao mesmo tempo mostra que boa consciência a Igreja tem quanto a esse ponto. – A única razão moral convincente contra o suicídio foi exposta por mim em minha obra magna, vol. I, § 69. Ela encontra-se no fato de o suicídio se opor à obtenção do mais alto objetivo moral, dado que substitui a verdadeira libertação deste mundo de misérias por uma libertação meramente aparente. Mas, deste extravio até um crime, que é como o clero cristão o quer rotular, o caminho é bastante longo.

O cristianismo carrega em seu âmago a verdade de que o sofrimento (a cruz) é o verdadeiro objetivo da vida: por isso rechaça o suicídio, uma vez que este se opõe àquele, enquanto a Antiguidade, a partir de um ponto de vista inferior, o admitia, ou até mesmo honrava. Contudo, essa razão contra o suicídio é ascética e portanto vale somente a partir de um ponto de vista ético muito superior a todos os que os filósofos morais europeus jamais adotaram. Mas, tão logo desçamos desse ponto de vista elevadíssimo, não resta qualquer razão moral sustentável para condenar o suicídio. Por conseguinte, parece forçoso que o afinco extraordinariamente enérgico do clero das religiões monoteístas contra o suicídio[5], uma vez que não se apoia nem na Bíblia nem em razões convincentes, tenha uma razão oculta: não seria esta que a desistência voluntária da vida constitui um comentário nada lisonjeiro àquele que disse παντα καλα λιαν [tudo era bom]? – Assim novamente o otimismo obrigatório dessas religiões incriminaria o suicídio para não ser por ele incriminado.

§ 2.

De modo geral, notar-se-á que, tão logo tenha chegado a um ponto em que os horrores da vida sobrepujem os horrores da morte, o ser humano dá um fim à sua vida. A resistência oferecida por estes últimos horrores, porém, é significativa: eles encontram-se como que de guarda diante do portão de saída. Talvez não haja ninguém vivo que já não teria dado fim à vida caso esse fim fosse algo puramente negativo, um súbito cessar da existência. – Mas acontece que ele tem algo de positivo: a destruição do corpo. Esta causa-nos espanto justamente porque o corpo é a manifestação fenomênica da vontade de vida.

Entretanto, via de regra, a luta com esses guardas não é *tão* difícil quanto pode nos parecer de longe; e isso devido ao antagonismo entre sofrimentos espirituais e corporais. Pois quando temos sofrimentos corpóreos muito graves ou duradouros, tornamo-nos

---

5. Todos concordam a este respeito. Segundo Rousseau (*Oeuvres*, vol. 4, p. 275), Agostinho e Lactâncio foram os primeiros a considerar o suicídio um pecado, mas tomaram seu argumento do *Fédon*, de Platão (*Phaedonis*, p. 139), a saber, o argumento desde então tão usual, totalmente inconsistente, de que estaríamos de guarda ou que seríamos escravos dos deuses.

indiferentes a todas as demais preocupações: nossa convalescência é a única coisa que nos interessa. Agora, sofrimentos espirituais intensos tornam-nos igualmente insensíveis contra os corpóreos: passamos a desprezá-los. Sim, quando estes últimos chegam eventualmente a predominar, sentimo-lo como uma distração benfazeja, uma pausa para os sofrimentos espirituais. É precisamente isso que facilita o suicídio, uma vez que a dor corpórea a ele associada perde toda importância aos olhos de quem é atormentado por sofrimentos espirituais desmesurados. Isso é especialmente visível naqueles que são conduzidos ao suicídio por um profundo descontentamento puramente patológico. A estes ele não custa autossuperação alguma: eles não precisam tomar nenhum impulso para fazê-lo; pelo contrário, tão logo quem estiver encarregado de vigiá-los os deixar sós por dois minutos, dão rapidamente um fim à própria vida.

§ 3.

Quando em sonhos pesados, horríveis, o pavor alcança o grau supremo, ele mesmo nos faz despertar; com o que, então, todos aqueles monstros noturnos desaparecem. O mesmo ocorre no sonho da vida, quando o grau supremo do pavor nos obriga a interrompê-lo.

§ 4.

O suicídio também pode ser visto como um experimento, uma questão que se põe à natureza, com a intenção de forçá-la a responder, a saber: qual mudança a existência e a cognição do ser humano experimentam com a morte? Mas trata-se de um experimento inepto: pois ele suspende a identidade da consciência que deveria obter a resposta.

Sobre a afirmação e negação da vontade de vida[1]

§ 1.

É em certa medida compreensível *a priori*, *vulgo*: é evidente que aquilo que agora produz o fenômeno do mundo também teria que ser capaz de não fazê-lo, portanto de permanecer em repouso – ou, em outras palavras, que para a atual διαστολη [expansão] também teria que haver uma συστολη [contração]. Agora, se a primeira é a manifestação fenomênica da vontade de vida, então a outra será a manifestação fenomênica da negação desse querer. Esta também haverá de ser essencialmente o mesmo que o *magnum sakhepat* [grande sono profundo] da doutrina védica (no *Opunekhat* [Upanixade], vol. I, p. 163), que o nirvana dos budistas e também que o επεκεια [além] dos neoplatônicos.

Contra certas objeções disparatadas, observo que a *negação da vontade de vida* não se refere de modo algum à aniquilação de uma substância, mas apenas ao mero ato do não querer: o mesmo que até agora *quis* não *quer* mais. Como, porém, é apenas no ato do *querer* e por meio deste que conhecemos esse ente – a *vontade* enquanto coisa em si –, somos incapazes de dizer ou de apreender o que mais ele seria ou faria após desistir desse ato: por isso, *para nós*, que somos

---

[1]. Correspondente ao capítulo 14 do vol. II de *Parerga e paralipomena*. (N.T.)

a manifestação fenomênica do querer, essa negação seria uma passagem ao nada.

A *afirmação* e *negação da vontade* de vida é um mero *velle et nolle* [querer e não querer]. – O sujeito desses dois *actus* [atos] é um e o mesmo, e consequentemente não é aniquilado nem por um, nem pelo outro desses atos. Seu *velle* apresenta-se neste mundo intuitivo, o qual, justamente por isso, é a manifestação fenomênica de sua coisa em si. – Do *nolle*, em contrapartida, não conhecemos outra manifestação além da de sua emergência no indivíduo, o qual originariamente já pertence à manifestação do *velle*: por isso, enquanto o indivíduo existir, vemos o *nolle* sempre ainda em luta com o *velle*: quando o indivíduo termina e o *nolle* triunfa nele, o mesmo terá sido uma pura enunciação do *nolle* (é esse o sentido da canonização papal): dele podemos dizer apenas que sua manifestação fenomênica não pode ser a do *velle*, mas tampouco sabemos se ele sequer aparece de alguma maneira, quer dizer, se conserva uma existência secundária para um intelecto, o qual, porém, ele precisaria primeiramente produzir, e como conhecemos o intelecto apenas como um órgão da vontade em sua afirmação, somos incapazes de imaginar por que a vontade, após a suspensão dessa afirmação, deveria produzi-lo; de modo que somos incapazes de declarar qualquer coisa a respeito do sujeito de um tal intelecto, já que só o conhecemos positivamente no *actus* oposto, isto é, no *velle*, como a coisa em si de seu mundo fenomênico.

§ 2.

Há uma oposição drástica entre a ética dos gregos e a dos hindus. A primeira (com exceção de Platão) tem como finalidade a capacitação para se levar uma vida feliz, *vitam beatam*; em contrapartida, o fim da última é a libertação e redenção da vida em geral – o que é pronunciado diretamente logo na primeira frase da *Sankhya karika*.

Obter-se-á um contraste aparentado a este, ainda mais forte por ser intuitivo, ao se contemplar o belo sarcófago antigo da Galeria de Florença, cujos relevos representam toda a sequência de cerimônias de um casamento, desde o primeiro pedido até onde a tocha de Himeneu ilumina a direção do *torus* [leito nupcial], e agora imaginá-lo ao lado do caixão *cristão*, adornado de preto como sinal de luto, com um crucifixo em cima. Essa oposição é altamente significativa. Ambos querem consolar pela morte, mas de maneiras opostas, e ambos têm razão. O primeiro designa a *afirmação* da vontade de vida, para a qual a vida permanece certa através dos tempos, por mais rápido que venham a cambiar as suas figuras. O outro designa, por meio dos símbolos do sofrimento e da morte, a *negação* da vontade de vida e a redenção de um mundo em que reinam a morte e o diabo – *donec voluntas fiat noluntas* [até que do querer se faça o não querer].

A verdadeira oposição entre o espírito do paganismo greco-romano e o do cristianismo é a da afirmação ou negação da vontade de vida – por isso, em última instância, o cristianismo, no fundo, tem razão.

§ 3.

A minha ética está para todas as éticas da filosofia europeia como o Novo Testamento está para o Antigo, segundo o conceito que a Igreja tem dessa relação. Pois o Antigo Testamento situa o homem sob o domínio da lei, a qual, porém, não leva à redenção. O Novo Testamento, em contrapartida, considera a lei insuficiente, liberta dela (p. ex. em Romanos 7, Gálatas 2 e 3). Em compensação, prega o reino da graça, ao qual se chegaria por meio da fé, do amor ao próximo e da completa negação de si mesmo: esse seria o caminho para a redenção do mal e do mundo. Pois, com efeito, apesar de todas as distorções protestantes e racionalistas, o espírito ascético é a verdadeira alma do Novo Testamento. Este, porém, é justamente a negação da vontade de vida, e a passagem do Antigo Testamento para o Novo Testamento, do domínio da lei para o domínio da fé, da justificação por meio de obras para a redenção através do mediador, do domínio do pecado e da morte para a vida eterna em Cristo significa, *sensu proprio* [em sentido próprio], a passagem das meras virtudes morais para a negação da vontade de vida. – Agora, todas as éticas filosóficas anteriores à minha foram sustentadas no espírito do Antigo Testamento, dadas sua lei moral absoluta (i.e., que prescinde tanto de fundamento como de finalidade) e todas as suas prescrições e proibições morais, às quais se acrescenta tacitamente o pensamento de Jeová comandando-as; por mais diferentes que sejam as formas e apresentações da coisa em cada uma delas. Minha ética, em contrapartida, tem fundamento, finalidade e objetivo: ela demonstra primeiramente, em nível teórico, o fundamento metafísico da justiça e da filantropia, e mostra também o objetivo para o qual estas devem afinal conduzir, se praticadas com perfeição. Ao mesmo tempo, ela admite com franqueza o caráter repudiável do mundo e aponta para a negação da vontade como o caminho para a redenção dele. Por causa disso, ela encontra-se efetivamente no espírito do Novo Testamento, enquanto as outras, em seu conjunto, estão no espírito do Antigo, e, por consequência, também teoricamente acabam dando em mero judaísmo (puro teísmo despótico). Nesse sentido poder-se-ia chamar minha doutrina de a filosofia verdadeiramente cristã – por mais paradoxal que isso possa parecer àqueles que não penetram o cerne da questão, mas permanecem na superfície.

§ 4.

Quem for capaz de pensar com um pouco mais de profundidade logo verá que os desejos humanos não podem começar a ser pecaminosos apenas no ponto em que, ao se cruzarem por acaso em suas direções individuais, dão vazão a males de um lado e a maldades do outro; mas que, pelo contrário, se isso ocorre, esses desejos também já devem ser original e essencialmente pecaminosos e repudiáveis, e consequentemente também a vontade de vida haverá de ser, ela mesma, igualmente repudiável. Pois todo horror e toda miséria de que o mundo está cheio é apenas o resultado necessário do conjunto dos caracteres em que a vontade de vida se objetiva sob as condições que se produzem segundo a cadeia contínua da necessidade que lhes fornece os motivos – ou seja, eles são o mero comentário à afirmação da vontade de vida (compare-se *Theologia germanica*, p. 93). – Que nossa própria existência implique uma culpa é comprovado pela morte.

§ 5.

Um caráter nobre dificilmente se lamentará sobre o próprio destino; muito antes, valerá para ele o que Hamlet louva em Horácio:

> *for thou hast been*
> *As one, in suffering all, that suffers nothing.*
> (Pois, tendo tudo para sofrer, foste como alguém a quem nada ocorreu.)
>
> [III, 2]

E isso deve ser entendido a partir do fato de que alguém assim, reconhecendo a própria essência também em outros e, por isso, tomando parte em seus destinos, se vê quase sempre rodeado por sinas ainda mais duras que sua própria, razão pela qual ele não consegue chegar a se queixar desta. Em contrapartida, um egoísta sem nobreza, que limita toda realidade a si mesmo e considera os demais como meras máscaras e fantasmas, não tomará parte no destino destes, mas voltará toda sua participação ao próprio destino; donde seguem uma grande sensibilidade e queixas frequentes.

Justamente esse reconhecer-se a si próprio na manifestação fenomênica de um outro, do qual, como demonstrei várias vezes, se produzem em um primeiro momento justiça e filantropia, leva finalmente à desistência da vontade; pois os fenômenos em que esta se apresenta encontram-se tão decididamente no estado de sofrimento que quem expande seu eu para todos eles não pode seguir querendo o mesmo – precisamente como alguém que compra todos os bilhetes da loteria necessariamente sofrerá grande prejuízo. A afirmação da vontade pressupõe a limitação da autoconsciência ao próprio indivíduo e sustenta-se sobre a possibilidade de uma trajetória de vida favorável com base no acaso.

§ 6.

Se, na concepção do mundo, se partir da coisa em si, da vontade de vida, encontrar-se-á como seu cerne, como sua maior concentração, o ato sexual: este aparece então como o primeiro, como o ponto de partida: ele é o *punctum saliens* [ponto mais saliente] do ovo cósmico e a coisa mais importante de todas. Em contrapartida, quão contrastante haverá de ser o ponto de vista partindo-se do mundo empírico dado como fenômeno, do mundo como representação! Pois aqui esse ato se apresenta como completamente singular e particular, de importância subordinada, como uma coisa secundária encoberta e oculta que apenas se infiltra furtivamente, uma paradoxal anomalia, que frequentemente dá material para risadas. E, entretanto, poderia parecer também que com isso o diabo teria apenas querido ocultar seu jogo: pois o coito é seu suborno, e o mundo, seu reino. Ora, já não foi notado como *illico post coitum cachinnus auditur Diaboli* [logo após o coito se ouve a gargalhada do diabo]? – isso, falando sério, se deve ao fato de o desejo sexual, especialmente quando concentrado por meio da fixação em uma mulher específica a ponto de tornar-se paixão, ser a quintessência de todo o engodo deste nobre mundo, uma vez que ele faz uma quantidade inefável, infinita e exagerada de promessas e depois cumpre miseravelmente poucas delas. –

A participação da mulher na concepção é, em certo sentido, mais inocente que a do homem, a saber, na medida em que este fornece a *vontade* àquele que é gerado, a qual é o primeiro pecado e portanto a fonte de todo mal e de todos os males; a mulher, em contrapartida, fornece-lhe a *cognição*, a qual abre o caminho para a redenção. O ato sexual é o nó do universo, uma vez que nele se exprime que "a vontade de vida se afirmou novamente". Nesse sentido lamenta-se um provérbio brâmane ainda em uso: "ai, ai! O *Lingam* [pênis] está na *Yoni* [vagina]". – A concepção e a gravidez, por sua vez, querem dizer que "à vontade foi também novamente conferida a luz da cognição", sob a qual ela pode encontrar o caminho para sair de novo, de modo que se produziu mais uma vez a possibilidade de redenção.

A partir disso, explica-se o notável fenômeno de que, ao passo que toda mulher, quando surpreendida no ato sexual, quer desaparecer de vergonha, ela, em contrapartida, exibe sua gravidez sem qualquer vestígio de vergonha, até mesmo com uma espécie de orgulho; e assim como em qualquer outro contexto um símbolo infalivelmente seguro é tomado como significando o mesmo que a própria coisa designada, também todo outro símbolo do coito realizado envergonha a mulher no mais alto grau – apenas a gravidez não. Isso deve ser explicado a partir do fato de que, de acordo com o que foi dito acima, a gravidez, em certo sentido, traz consigo uma amortização da dívida contraída pelo coito, ou ao menos sua perspectiva. Por isso o coito carrega toda a vergonha e vexação da coisa, enquanto a gravidez, tão proximamente irmanada a ele, permanece pura e inocente, chegando a tornar-se honrável, em certa medida.

O coito é principalmente assunto masculino; a gravidez, coisa exclusiva da mulher. Do pai, a criança obtém a vontade, o caráter; da mãe, o intelecto. Este é o princípio redentor; a vontade, porém, é o que mantém o vínculo. O coito é o sinal da constante presença da vontade de vida no tempo, apesar de toda elevação da iluminação por meio do intelecto; já o sinal de que a luz da cognição foi novamente concedida a essa vontade, e no mais alto grau de luminosidade, mantendo assim aberta a possibilidade da redenção, é o fato de a vontade de vida se tornar novamente humana. O símbolo disso é a gravidez, a qual, por isso, se exibe com franqueza e liberdade, com orgulho até, enquanto o coito se enfurna como um criminoso.

§ 7.

Alguns Pais da Igreja ensinavam que até mesmo o coito nupcial só seria permitido se ocorresse para a geração de filhos, επι μονη παιδοποιια [somente para gerar filhos], conforme diz Clemente de Alexandria, *Stromateis* [Miscelâneas] III, cap. 11. (As passagens referidas encontram-se reunidas em P.E. Lind, *De coelibatu Christianorum* [Do celibato cristão], cap. 1.) Clemente de Alexandria também atribui esse ponto de vista aos pitagóricos em *Stromateis* III, cap. 3. No entanto, se tomado com precisão, ele é equivocado.

Pois, se o coito não for mais desejado por si mesmo, isso quer dizer que já ocorreu a negação da vontade de vida, e nesse caso a reprodução do gênero humano é supérflua e sem sentido, na medida em que a finalidade já foi alcançada. Ademais, pôr uma pessoa no mundo sem qualquer paixão subjetiva, sem desejo e impulso físico, meramente pela pura reflexão e com uma intencionalidade de sangue frio – isso seria uma ação moralmente deveras questionável, pela qual apenas poucos haveriam de querer assumir a responsabilidade, da qual poder-se-ia até mesmo dizer que ela estaria para a geração por mero impulso sexual como o assassinato calculado a sangue frio está para o homicídio em um acesso de ira.

Na verdade, o caráter condenável de todas as satisfações sexuais antinaturais repousa justamente sobre a razão oposta, pois por meio delas o impulso é satisfeito, portanto a vontade de vida é afirmada, mas é suprimida a reprodução, a qual, porém, é a única que mantém aberta a possibilidade de negação da vontade. A partir disto explica-se por que somente com o surgimento do cristianismo, cuja tendência é ascética, a pederastia foi reconhecida como um pecado grave.

§ 8.

Um *monastério* é um agrupamento de pessoas que fizeram votos de pobreza, castidade, obediência (isto é, renúncia à vontade própria) e que por meio da vida conjunta buscam facilitar em parte a própria existência, mas mais ainda esse estado de penosa renúncia, uma vez que a visão de outros com intenções semelhantes e que renunciam da mesma maneira fortalece sua resolução e as consola, e também porque a sociabilidade da vida conjunta, se mantida em certos limites, é adequada à natureza humana, constituindo um repouso inocente em meio a muitas e pesadas privações. É esse o conceito normal de *monastério*. E quem poderia chamar uma tal sociedade de uma associação de tolos e néscios, conforme seria forçoso segundo todas as filosofias com exceção da minha? –

O espírito e o sentido internos da genuína vida monástica, assim como da ascese em geral, é ter reconhecido que ser é digno e capaz de uma existência melhor que a nossa, e querer fortalecer e manter essa convicção por meio do desprezo àquilo que este mundo tem a oferecer, afastando de si como sem valor todos os seus prazeres e esperando agora com tranquilidade e confiança pelo fim da vida, cujo vão encanto lhe foi subtraído, para um dia dar boas-vindas à hora da morte, que é considerada a hora da redenção. A prática do Saniasa[2] tem exatamente a mesma tendência e significação, assim como o monasticismo dos budistas. Com efeito, não há nada em que a práxis tão raramente corresponda à teoria como o monasticismo; justamente porque seu pensamento fundamental é tão sublime – e *abusus optimi pessimus* [o abuso do melhor é o pior abuso]. Um monge genuíno é um ente altamente venerável: mas na grande maioria dos casos o hábito é um mero disfarce, no qual se encontra tão pouco de um monge quanto no da mascarada.

---

2. Estilo de vida em renúncia ascética do hinduísmo. (N.T.)

§ 9.

Imaginar que nos submetemos e entregamos completamente e sem hesitação a uma vontade estranha, individual, é um meio de facilitação psíquica para a negação da própria vontade e, portanto, um veículo adequado da verdade.

§ 10.

O número dos trapistas regulares é decerto pequeno; em compensação, metade da humanidade deverá consistir de *trapistas involuntários*: pobreza, obediência, carência de todos os prazeres, até mesmo dos mais necessários meios de alívio, são seu destino – e frequentemente também a castidade forçada ou por privação. A diferença é apenas que os trapistas praticam essas coisas de livre escolha, metodicamente e sem esperança de melhoras; enquanto o primeiro modo de praticá-las deve ser incluso naquilo que designei em meus capítulos ascéticos com a expressão δευτερος πλους [o outro caminho]; para cuja ocorrência portanto a natureza já cuidou suficientemente, graças ao princípio de sua ordem – especialmente se ainda se somar aos males originados diretamente nela aqueles ocasionados pela discórdia e pela maldade entre os homens, tanto na guerra como na paz. Mas justamente essa necessidade de sofrimentos involuntários para a salvação eterna é expressa também por aquele dito proferido pelo Salvador (Mat. 19, 24): ευκοπωτερον εστιν, καμιλον δια τρυπηματος ραφιδος διελθειν, η πλουσιον εις την βασιλειαν του θεου εισελθειν (*facilius est, funem ancorarium per foramen acus transire, quam divitem regnum divinum ingredi*) [é mais fácil um cabo de âncora passar pelo fundo de uma agulha do que um rico entrar no reino de Deus]. Por isso também aqueles que levavam muito a sério sua salvação eterna escolheram a pobreza voluntária caso o destino lhes a tivesse negado, isto é, no caso de terem nascido ricos: é o que fez o *buda* Shakyamuni, o qual, nascido príncipe, se tornou mendigo de livre e espontânea vontade; igualmente o fundador das ordens mendicantes, Francisco de Assis, que, quando, no baile em que se reuniam as filhas dos notáveis, um jovem mancebo lhe perguntou: "Então, senhor Francisco, não havereis de escolher logo alguma dentre estas belezas?", respondeu: "Escolhi uma muito mais bela para mim!" – "Oh, qual?" – "*La povertà*" [a pobreza]; – após o que ele logo abandonou tudo e cruzou o país mendigando.

Quem, por meio de considerações como as que fazemos aqui, perceber quão necessários, na maioria dos casos, a necessidade e o sofrimento são para nossa salvação haverá de reconhecer que teríamos que invejar as pessoas não tanto por sua sorte quanto por seu infortúnio.

Pela mesma razão, também a atitude estoica que desafia o destino, apesar de ser uma boa blindagem contra os sofrimentos da vida, útil para suportar melhor o presente, opõe-se à salvação. Pois ela endurece o coração. Ora, como haveria este de ser melhorado por meio de sofrimentos se ele, envolto por uma crosta pétrea, não os sente? – Aliás, um certo grau desse estoicismo não é muito raro. Ele pode com frequência ser afetado e reduzir-se ao *bonne mine au mauvais jeu*[3]: onde, porém, não é simulado, ele surge na maioria dos casos da mera apatia, da carência de energia, vivacidade, sensibilidade e fantasia, que chegam até mesmo a ser condição para uma grande aflição. Essa espécie de estoicismo é bastante favorecida pela fleuma e pela pachorra dos alemães.

§ 11.

Ações injustas ou maldosas são, com vistas àquele que as exerce, sinais da força de sua afirmação da vontade de vida e, consequentemente, de quão distante ele ainda está da verdadeira salvação (a negação dessa vontade) e da libertação em relação ao mundo; de modo que ações desse tipo são igualmente sinais da longa educação por meio do conhecimento e do sofrimento pela qual ainda terá que passar a fim de alcançá-la. – Porém, para aquele que tem de sofrer devido a tais ações, elas são sem dúvida um mal físico, mas em contrapartida são um bem metafísico e no fundo uma bondade, uma vez que contribuem para conduzi-lo à verdadeira salvação.

§ 12.

Espírito cósmico. Eis aqui então a carga de trabalhos e sofrimentos que te cabe: para tanto deves *existir*, como todas as outras coisas existem.

Homem. Mas que ganho eu com a existência? Se ela é atribulada, passo necessidade; se ela é desocupada, sinto tédio. Como podes oferecer-me uma

---

[3]. Bom semblante para um mau jogo (i.e., fingir que tudo vai bem quando não é o caso). (N.T)

recompensa tão miserável por tanto trabalho e sofrimento?

Espírito cósmico. E não obstante ela é equivalente a todos os teus esforços e sofrimentos: e justamente por ser tão pouca.

Homem. Como?! Devo dizer que isso ultrapassa minha capacidade de compreensão.

Espírito cósmico. Bem o sei. – (à parte) Deveria eu dizer-lhe que o valor da vida consiste justamente em ensinar-lhe a não querê-la?! A própria vida deve primeiramente prepará-lo para esta iniciação suprema.

§ 12a.

Se, como eu disse, cada *vida humana*, vista no todo, demonstra as propriedades de uma tragédia, e vemos que via de regra a vida nada mais é senão uma sequência de esperanças malogradas, projetos fracassados e erros reconhecidos tarde demais como tais, e que o seguinte triste verso atesta nela sua verdade:

Then old age and experience, hand in hand,
Lead him to death and make him understand,
After a search so painful and so long,
That all his life he has been in the wrong,
[Velhice e experiência, mão em mão,
Levam-no à morte, à compreensão,
Após busca tão longa e dolorida,
De que se iludiu por toda a vida.][4]

---

4. Rochester, *A Satyr against Mankind* [Uma sátira da humanidade]. (N.T.)

– isso concorda plenamente com minha visão de mundo, a qual considera a própria existência como algo que seria melhor que não fosse, como uma espécie de extravio do qual o conhecimento deve nos afastar. O ser humano, ὁ ανθρωπος, *is in the wrong* [está errado] já em nível universal, na medida em que existe e é humano: por consequência, está totalmente de acordo com isso que também cada pessoa individual, τις ανθρωπος, ao fazer um panorama de sua vida, encontre a si mesma como estando continuamente *in the wrong*: que ela se dê conta disso a nível *universal* é sua redenção, e para tanto ela precisa começar a reconhecê-lo no *caso singular*, isto é, em seu curso de vida individual. Pois *quidquid valet de genere, valet et de specie* [o que vale para o gênero vale também para a espécie]. –

A vida deve ser vista sempre como uma *lição rigorosa* que nos é passada apesar de nós mesmos, com as formas de nosso pensamento voltadas para fins totalmente diferentes, não podermos compreender como chegamos a precisar dela. Disso segue, porém, que devemos voltar o olhar com contentamento para nossos amigos falecidos, ponderando que eles passaram na lição, e com o desejo íntimo de que tenha dado resultado; e do mesmo ponto de vista devemos encarar nossa própria morte como um acontecimento desejado e gratificante – em vez de, como ocorre na maioria das vezes, ir ao seu encontro com hesitação e horror. –

Uma *vida feliz* é impossível: o máximo a que o ser humano pode chegar é um *curso de vida heroico*. Um tal curso é conduzido por aquele que, de alguma maneira, em alguma ocasião, luta com dificuldades enormes por algo que de algum modo traz o bem a todos e vence no final, recebendo, porém, pouca ou nenhuma recompensa por isso. Então ele permanece, no fim, como o príncipe no *Re cervo* [Rei cervo] de Gozzi, petrificado, porém em uma postura nobre e com um aspecto magnânimo. Sua memória permanece e é celebrada como a de um *herói*; sua *vontade*, mortificada durante uma vida inteira por esforços e trabalhos, por insucessos e pela ingratidão do mundo, *extingue-se* no *Nirvana*. (Carlyle escreveu neste sentido em *Os heróis e o culto dos heróis*. Londres, 1842.)

§ 13.

Se, então, por meio de considerações como as que foram feitas até aqui, portanto a partir de um ponto de vista muito elevado, podemos entrever uma justificação dos sofrimentos da humanidade, essa justificação, porém, não se estende aos animais, cujos sofrimentos, decerto em grande parte provocados pelo homem, mas frequentemente também sem sua intervenção, não deixam de ser significativos. (Veja-se *Die Welt als Wille und Vorstellung [O mundo como vontade e representação]*, 3ª ed., vol. II, p. 404 s.) De modo que se impõe a seguinte questão: dado que a redenção é condicionada pelo discernimento, para que então essa vontade torturada, angustiada, em milhares de figuras, sem liberdade para se redimir? – O sofrimento do mundo animal só pode ser justificado pela consideração de que a vontade de vida, por não haver nada além dela no mundo fenomênico e por ser ela uma vontade faminta, precisa consumir *a própria carne*. Daí a sequência ascendente de seus fenômenos, dos quais cada um vive às custas do outro. Ademais, remeto aos §§ 153 e 154[5], uma vez que estes demonstram que a capacidade para o sofrimento é muito menor no animal do que no ser humano. Para além disso, tudo o mais ainda poderia ser ensinado a respeito dessa questão resultaria hipotético, até mesmo mítico, de modo que o deixo a cargo da especulação do próprio leitor.

---

5. §§ 6 e 7 do capítulo "Complementos à doutrina do sofrimento do mundo" do presente volume. (N.T.)

Sobre religião[1]

§ 1.
Um diálogo

DEMÓFILO.[2] Cá entre nós, bom e velho amigo, não me agrada que de vez em quando exponhas tua capacidade filosófica por meio de sarcasmos ou mesmo de zombarias explícitas sobre a religião. A crença de cada um é-lhe sagrada, e, portanto, deveria sê-lo também para ti.

FILALETO. *Nego consequentiam!* [Nego a consequência!] Não compreendo por que eu, devido à ingenuidade dos outros, deveria ter respeito por mentiras e enganos. A verdade eu respeito por toda parte; mas justamente por isso não respeito o que se lhe opõe. A verdade jamais brilhará na Terra enquanto gente como tu estiver acorrentando os espíritos dessa maneira. Minha máxima é: *vigeat veritas, et pereat mundus* [que vija a verdade, e que pereça o mundo], e ajusta-se à dos juristas: *fiat justitia, et pereat mundus* [faça-se justiça, e que pereça o mundo]. Cada faculdade deveria ter uma divisa análoga.

DEMÓFILO. Nesse caso, a da medicina haveria de ser: *fiant pilulae, et pereat mundus* [façam-se pílulas, e que pereça o mundo] – o que seria facilmente realizável.

---

1. Correspondente ao capítulo 15 do vol. II de *Parerga e paralipomena*. (N.T.)
2. *Demófilo* = "amigo do povo"; *Filaleto* = "amigo da verdade". (N.T.)

Filaleto. Os céus nos guardem! Tudo *cum grano salis* [com parcimônia].

Demófilo. Está bem: mas justamente por isso queria eu que tu entendesses também a religião *cum grano salis*, e que te desses conta de que é preciso responder à carência do povo segundo a medida de sua capacidade de apreensão. A religião é o único meio de anunciar e tornar sensível a elevada significação da vida aos sentidos grosseiros e ao entendimento inepto da multidão mergulhada em atividades vis e trabalho material. Pois, em princípio, o ser humano, tal como ele é via de regra, não tem sentido para nada além da satisfação de suas carências e de seus apetites físicos, e em seguida por um pouco de entretenimento e passatempo. Fundadores de religiões e filósofos vêm ao mundo para despertá-lo de seu torpor e para indicar o elevado sentido da existência: os filósofos, para os poucos, os eximidos; os fundadores de religiões, para os muitos, para a humanidade em grande escala. Pois φιλοσοφον πληθος αδυνατον ειναι [é impossível que a multidão tenha formação filosófica], como já disse o teu Platão[3], o que tu não deverias esquecer. A religião é a metafísica do povo, que se deve deixar exclusivamente para ele e portanto honrar externamente: pois descreditá-la significa tomá-la dele. Assim como há uma poesia popular e, nos provérbios, uma sabedoria popular: da mesma maneira deve haver também uma metafísica popular. Pois as pessoas precisam absolutamente de uma *interpretação da vida*, e ela precisa ser adequada à sua capacidade de

---

3. *República* VI, 8. (N.T.)

apreensão. Por isso ela é sempre uma vestimenta alegórica para a verdade e realiza, talvez, de um ponto de vista prático e com vistas ao temperamento, quer dizer, como fio condutor para a ação e como tranquilização e consolo no sofrimento e na morte, tanto quanto a verdade mesma poderia realizar caso a tivéssemos. Não te escandalizes com sua forma encrespada, barroca, aparentemente absurda: pois tu, com toda tua educação e erudição, és incapaz de imaginar que desvios são necessários para aproximar-se do povo, em sua rudeza, com verdades profundas. As diferentes religiões são justamente apenas diferentes esquemas por meio dos quais o povo se apossa das verdades que lhe são em si mesmas inapreensíveis, tornando-as presentes para si, esquemas estes com os quais, porém, essas verdades estão para ele emaranhadas de maneira inextricável. Por isso, meu caro – não me leves a mal –, zombar dela é ao mesmo tempo uma ignorância e uma injustiça.

FILALETO. Mas não é igualmente ignorante e injusto exigir que não haja nenhuma outra metafísica além desta que é talhada de acordo com as necessidades e a capacidade de apreensão do povo? Que suas doutrinas devam ser a pedra angular da pesquisa humana e o fio condutor de todo pensamento, de modo que também a metafísica dos poucos e eximidos, como os denominas, deva conduzir à confirmação, consolidação e explanação dessa metafísica do povo? Que, portanto, as forças mais elevadas do espírito humano permaneçam inutilizadas e subdesenvolvidas, que devam até mesmo ser asfixiadas em seu germe, para que sua atividade não venha a contrariar eventualmente aquela metafísica popular? E, no fundo, são outras as pretensões da religião? Convém pregar tolerância, cuidado e delicadeza àquela que é a própria intolerância e falta de cuidado? Convoco como testemunhas tribunais de heresias e inquisições, guerras religiosas e cruzadas, a cicuta de Sócrates e a fogueira de Bruno e Vanini![4] E, mesmo que tudo isso tenha acabado nos dias de hoje, o que poderia ser um obstáculo maior ao genuíno anseio filosófico, à investigação honesta da verdade, este mais nobre ofício da mais nobre humanidade, do que essa metafísica convencional, privilegiada pelo Estado com o monopólio, cujos preceitos são inculcados a todas as mentes na mais tenra juventude, com tanta seriedade, profundidade e firmeza que eles, caso a mente não seja de uma elasticidade extraordinária, aderem de maneira inextinguível, fazendo com que a razão sadia dessa gente perca de uma vez por todas o fio da meada, quer dizer, que sua capacidade, em si já fraca, para o pensamento próprio e para o julgamento imparcial com relação a tudo que esteja ligado a isso seja para sempre tolhida e arruinada.

DEMÓFILO. Ora, mas isso na verdade quer dizer que as pessoas então adquiriram uma convicção de que não querem abrir mão para adotar a tua em troca.

FILALETO. Ó, quem dera fosse uma convicção fundada sobre a compreensão! Fosse esse o caso, ela

---

4. Sócrates (c.469-399 a.C.) foi acusado pelos atenienses de impiedade e corrupção da juventude e condenado a tomar um copo de cicuta (veneno). Giordano Bruno (1548-1600) e Lucilio Vanini (1585-1619) foram filósofos da Renascença condenados à fogueira por heresia. (N.T.)

poderia ser abordada com razões, e o campo de batalha estaria aberto para nós com armas iguais. Mas acontece que as religiões confessadamente não se voltam ao convencimento, com razões, mas à fé, com revelações. Agora, para esta última, porém, a capacidade é mais forte na infância: por isso dá-se importância suprema ao controle dessa tenra idade. É por meio disso, muito mais do que por meio de ameaças e relatos de milagres, que as doutrinas da fé lançam raízes. Pois se certos pontos de vista fundamentais e certas doutrinas são apresentados repetidamente a uma pessoa na mais tenra infância com uma solenidade extraordinária e com a expressão da maior seriedade, até então jamais vista por ela, ignorando-se ainda completamente a possibilidade de duvidar disso tudo, ou apenas mencionando-a para indicar nela o primeiro passo para a ruína eterna, então a impressão resultará tão profunda que, via de regra, quer dizer, em quase todos os casos, a pessoa será praticamente tão incapaz de duvidar dessas doutrinas quanto de sua própria existência; razão pela qual, então, entre muitos milhares, quase ninguém haverá de ter a firmeza de espírito para perguntar--se com seriedade e sinceridade: será verdade isso? De modo mais apropriado do que se acreditava, chamou-se, por isso, aqueles que não obstante são capazes de fazê-lo de espíritos fortes, *esprits forts*. Para os demais, porém, não há nada tão absurdo ou revoltante quanto a possibilidade de que, uma vez inculcada por essa via, a mais firme crença não crie raízes neles. Se, por exemplo, o assassinato de um herege ou de um descrente fosse uma peça essencial para a salvação futura da alma, quase todos fariam disso o assunto principal de suas vidas e extrairiam da lembrança de seu sucesso consolo e fortalecimento na hora de sua morte; do mesmo jeito que outrora quase todo espanhol realmente considerava um *auto da fé* a obra mais devota e agradável a Deus; do que temos um equivalente na Índia, na associação religiosa dos thugs, que somente há pouco foi suprimida pelos ingleses por meio de numerosas execuções, cujos membros praticavam sua religiosidade e veneração pela deusa Kali assassinando traiçoeiramente seus próprios amigos e companheiros de viagem sempre que tivessem ocasião para tanto, para se apossarem de seus bens, e que se encontravam com toda seriedade na ilusão de que faziam com isso algo altamente louvável e favorável à sua salvação eterna.[5] Tão forte é, portanto, o poder de dogmas religiosos precocemente inculcados que ele é capaz de sufocar a consciência moral e, por fim, toda compaixão e toda humanidade. Caso, porém, queiras ver com os próprios olhos e de perto o que produz a instilação precoce da crença, então observa os ingleses. Olha para esta nação privilegiada acima de todas as outras pela natureza, dotada, mais que todas as demais, de entendimento, espírito, juízo e firmeza de caráter, vê como se encontra reduzida muito abaixo de todas as outras, realmente tornada desprezível graças à sua estúpida superstição religiosa, a qual aparece entre suas demais capacidades como

---

5. *Illustrations of the history and practice of the Thugs*. Londres, 1837; também *Edinburgh Review*, out.-jan. 1836/1837.

uma verdadeira ideia fixa, uma monomania. Isso eles devem unicamente ao fato de sua educação encontrar-se nas mãos do clero, o qual se preocupa em imprimir neles todo o conjunto de artigos de fé na mais precoce infância, e de tal modo que alcance uma espécie de paralisia parcial do cérebro, a qual então se manifesta durante toda a vida no estúpido bigotismo, por meio de que até mesmo pessoas dentre eles de resto altamente sensatas e espirituosas se degradam e nos deixam completamente desconcertados. Mas, se agora considerarmos o quão essencial é para golpes de mestre como esse que a instilação da crença ocorra na tenra infância, o missionarismo já não nos parecerá apenas o ápice da importunidade, da arrogância e da impertinência humanas, mas também um absurdo, a saber, na medida em que não se limita a povos que se encontrem em estado de *infância*, como por exemplo os hotentotes, os cafres, os povos insulares do Pacífico sul e outros do gênero, onde, devido a isso, também teve real sucesso; enquanto, em contrapartida, na Índia os brâmanes respondem aos discursos dos missionários com um sorriso condescendente de aprovação, ou dando de ombros, e as tentativas de conversão dos missionários neste povo, não obstante as ocasiões mais convenientes, falharam completamente. Um relato autêntico, no 21º volume do *Asiatic Journal*, de 1826, anuncia que, após tantos anos de atividade dos missionários, não se pode encontrar mais de trezentos convertidos vivos em toda a Índia (da qual apenas as ocupações inglesas, segundo o *Times*, teriam 150 milhões de habitantes em abril de 1852), e confessa-se ao mesmo tempo que os convertidos cristãos se caracterizam pela mais extrema imoralidade. Pois devem ter sido trezentas almas venais, compradas, de tantos milhões delas. Que desde então a situação do cristianismo na Índia tenha melhorado, não depreendo de parte alguma[6]; embora os missionários, não obstante, procurem agora influenciar as crianças nas escolas dedicadas exclusivamente ao ensino do inglês mundano, contrariando o acordo feito, para assim contrabandear o cristianismo – contra o que, porém, os hindus se resguardam com grande zelo. Pois, como já dito, apenas a infância, e não a idade adulta, é o tempo de semear a crença, especialmente onde ainda não se encontra enraizada uma crença anterior: a *convicção* adquirida afetada pelos adultos convertidos, no entanto, é via de regra apenas a máscara de algum interesse pessoal. Justamente porque se sente que é quase impossível que seja diferente, uma pessoa que troca de religião na maturidade é sempre desprezada pela maioria: estes, porém, deixam claro com seu desprezo que não consideram a religião assunto para convencimento racional, mas apenas da fé inculcada precocemente, antes de qualquer exame. Que, porém, tenham razão nisso, conclui-se também a partir do fato de que não apenas a multidão, que

---

6. Compare-se o § 115 acima. [Schopenhauer refere-se a uma longa passagem do capítulo 8 do segundo volume dos *Parerga e paralipomena*, não incluso na presente coletânea, no qual são discutidas algumas diferenças entre as religiões orientais e a visão de mundo judaico-cristã, especialmente com vistas ao seu teor metafísico e moral. Também são dados outros exemplos do fracasso do missionarismo na Ásia.]

crê cegamente, adere fiel e avidamente à religião de sua pátria, mas também todos os membros do sacerdócio de todas as religiões, que, enquanto tais, estudaram suas fontes, suas razões, seus dogmas e os pontos controversos; por isso, a passagem de um clérigo de uma religião ou confissão a outra é a coisa mais rara do mundo. Assim, vemos, por exemplo, o clero católico completamente convicto da verdade de todas as sentenças de sua igreja, e igualmente o protestante convencido das suas, e ambos defendem os preceitos de sua confissão com igual avidez. No entanto, essa convicção depende apenas do país em que cada um nasceu: pois ao clérigo do sul da Alemanha a verdade do dogma católico é totalmente evidente, enquanto que ao do norte é igualmente evidente a verdade do dogma protestante. Agora, se tais convicções repousam sobre razões objetivas, então essas razões devem ser climáticas e, como as plantas, também as convicções religiosas devem medrar algumas exclusivamente aqui, outras somente lá. O povo, porém, adota por toda parte e de boa-fé as convicções desses convictos de cada localidade.

DEMÓFILO. Não faz mal e essencialmente tampouco faz diferença: o protestantismo, por exemplo, também é realmente mais adequado ao norte, e o catolicismo, ao sul.

FILALETO. É o que parece. Eu, porém, adotei um ponto de vista superior e tenho em vista um objeto mais importante, a saber, os avanços do conhecimento da verdade no gênero humano. Para estes é uma coisa assustadora o fato de que a cada um, onde quer que tenha nascido, já sejam inculcadas na juventude mais precoce certas opiniões, junto à asseveração de que não se pode jamais duvidar delas, sob risco de arruinar a salvação eterna; a saber, na medida em que se trata aqui de opiniões que dizem respeito ao fundamento de todos os nossos demais conhecimentos, que consequentemente fixam para sempre o ponto de vista a partir do qual os consideramos e que, caso sejam elas mesmas falsas, haverão de deturpá-lo para sempre; e como, ademais, as consequências dessas opiniões interferem por toda parte em todo o sistema de nossos conhecimentos, o conjunto do saber humano é completamente adulterado por elas. Isso é atestado por qualquer literatura, mais marcantemente pela da Idade Média, mas também com abundância pela dos séculos XVI e XVII. Ora, vemos em todos esses tempos até mesmo os espíritos de primeira categoria como que debilitados por tais representações fundamentais equivocadas, mas principalmente como por meio delas toda compreensão da verdadeira essência e do funcionamento da natureza torna-se inalcançável, como se o acesso a ela lhes tivesse sido selado com tábuas pregadas à entrada. Pois durante toda a era cristã o teísmo paira como um pesadelo opressor sobre todos os esforços intelectuais, especialmente os filosóficos, e inibe, ou atrofia, todo e qualquer progresso. Deus, o diabo, anjos e demônios encobrem para os eruditos desses tempos a natureza inteira: nenhum exame é levado a termo, nenhuma coisa é investigada a fundo; pelo contrário, tudo o que vai além do nexo causal mais evidente é logo resolvido por essas personagens, uma vez que se diz imediatamente que, como se exprimiu Pomponazzi em uma ocasião desse tipo: *certe philosophi nihil verisimile habent ad haec, quare necesse est, ad Deum, ad angelos et daemones recurrere.* [Certamente os filósofos não têm nada de verossímil a dizer sobre isso, por isso é necessário recorrer a Deus, aos anjos e demônios.] (*De incantationibus*, cap. 7) No caso deste homem é sem dúvida possível suspeitar de ironia, dado que sua malícia é conhecida de outras ocasiões: não obstante, ele apenas proferiu com isso o modo de pensar universalmente difundido de sua época. Se, porém, alguém realmente tivesse a rara elasticidade do espírito, a única capaz de arrebentar os grilhões, seus escritos eram queimados, e ele mesmo junto; como aconteceu com Bruno e Vanini. – Que as cabeças *comuns* sejam completamente debilitadas por essa manipulação metafísica precoce é algo que pode ser visto da maneira mais gritante e ridícula quando uma delas se propõe a criticar uma doutrina religiosa estrangeira. Via de regra encontramos a pessoa simplesmente se esforçando por demonstrar de forma minuciosa que os dogmas dessa outra doutrina não concordam com os de sua própria, explicando com empenho que eles não apenas não dizem o mesmo, mas que certamente tampouco querem dizer o mesmo que os da própria religião. Com isso crê ela, com total ingenuidade, ter demonstrado a falsidade da doutrina religiosa alheia. Realmente nem lhe vem à mente perguntar qual de ambas haveria de ter razão; pelo contrário, seus próprios artigos de fé são para ela princípios *a priori* seguros. Um exemplo burlesco dessa espécie foi fornecido pelo reverendo Morrison no vigésimo volume do *Asiatic Journal*, em que ele critica a religião e a filosofia dos chineses – para nosso divertimento.

DEMÓFILO. Eis, então, teu ponto de vista superior. Mas asseguro-te que há um mais elevado ainda. O *primum vivere, deinde philosophari* [primeiro viver, depois filosofar] tem um sentido mais abrangente do que parece à primeira vista. – Trata-se acima de tudo de refrear os ânimos rudes e vis da multidão para desencorajar nela a injustiça extrema, as crueldades, os atos de violência e vitupério. Agora, quiséramos esperar até que tivesse conhecido e compreendido a verdade para fazer isso, chegaríamos sem dúvida tarde demais. Pois, mesmo supondo que a verdade já tivesse sido encontrada, ela superaria sua capacidade de apreensão. Para ela serve apenas uma roupagem alegórica da mesma, uma parábola, um mito. Como disse Kant, é preciso que haja um estandarte público do direito e da virtude; sim, este precisa tremular o tempo todo nas alturas. No final dá no mesmo quais figuras heráldicas estejam estampadas nele; basta que designe o que se quer dizer. Uma tal alegoria da verdade é sempre e por toda parte, para a humanidade em nível mais geral, um substituto apropriado da verdade, que afinal lhe é em si mesma eternamente inacessível, e da filosofia de modo geral, que jamais lhes será compreensível; para não mencionar que esta última troca de forma diariamente, não tendo alcançado o reconhecimento geral em nenhuma delas. Portanto, meu bom

Filaleto, os fins práticos têm, em todos os aspectos, prioridade em relação aos teóricos.

FILALETO. Isso condiz com bastante precisão com o vetusto conselho do pitagórico Timeu de Lócrida: τας ψυχας απειργομες ψευδεσι λογοις, ει κα μη αγηται αλαθεσι [moderamos as almas com discursos falaciosos, se os verdadeiros não dão frutos] (*De anim. mundi*, p. 104 *d. Steph.*)[7], e quase desconfio de que queres, de acordo com a moda atual, insinuar algo como:

"Mas, bom amigo, vem também o tempo
Em que possamos banquetear em paz"[8]

e parece-me que tua recomendação se resume afinal a que deveríamos nos precaver a tempo, para que as ondas da multidão insatisfeita, furiosa, não nos incomodem à mesa mais tarde. Porém, todo esse ponto de vista é tão errado quanto é hoje em dia universalmente querido e louvado; por isso apresso-me em fazer meu protesto contra ele. É *errado* dizer que o Estado, o direito e a lei não podem ser sustentados sem ajuda da religião e seus artigos de fé, e que a justiça e a polícia, para fazer valer a ordem legal, precisam da religião como complemento necessário. É *errado*, por

---

7. Citação da obra *De natura mundi et animae* [Da natureza do mundo e da alma], que foi por muito tempo considerada a base para o diálogo platônico *Timeu*, tendo sido frequentemente incluída nas edições das obras de Platão, como a edição de Henri Estienne (Henricus Stephanus) citada aqui por Schopenhauer. Hoje, porém, é sabido tratar-se de um texto posterior, baseado no mencionado diálogo. (N.T.)

8. Goethe, *Fausto* I, 1090. (N.T.)

mais que se o repita cem vezes. Pois os antigos, em especial os gregos, fornecem-nos uma *instantia em contrarium* [um contraexemplo] factual e contundente, já que não tinham absolutamente isso que entendemos por *religião*. Eles não tinham nenhuma escritura sagrada, nem dogma algum que fosse ensinado cuja adoção fosse exigida de todos e que fosse inculcado precocemente à juventude. – Tampouco pregavam moral os servos da religião, nem se preocupavam os sacerdotes de alguma maneira com a moralidade ou, de modo geral, com o que as pessoas faziam ou deixavam de fazer. Nem um pouco! Pelo contrário, a obrigação dos sacerdotes estendia-se apenas a cerimônias no interior do templo, orações, hinos, sacrifícios, procissões, lustrações etc., tudo isso visando a tudo, menos à edificação moral dos indivíduos. Toda a assim chamada religião consistia tão somente no fato de que, especialmente nas cidades, alguns dos *deorum majorum gentium* [deuses de estirpe mais nobre] tinham, aqui e ali, seus respectivos *templos*, nos quais o mencionado culto a eles era praticado para fins estatais, sendo, portanto, no fundo, uma questão administrativa. Nenhuma pessoa além dos funcionários ali ativos era de alguma maneira obrigada a presenciá-lo, nem mesmo a crer nele. Em toda a Antiguidade não há nenhum vestígio de uma obrigação de se crer em algum dogma. Apenas quem negasse publicamente a existência dos deuses ou os difamasse de alguma outra maneira podia ser punido: pois ofendia-se com isso o Estado, que os servia: mas, para além disso, cada um era livre para pensar o que quisesse a respeito. Se alguém decidisse, por meio de orações ou sacrifícios, adquirir na qualidade de pessoa privada o favor desses mesmos deuses, isso lhe era permitido, por própria conta e risco; caso não o fizesse, tampouco havia alguém que fosse contra – principalmente o Estado. Entre os romanos, todos tinham em casa seus próprios lares e penates, os quais, porém, no fundo, eram apenas as imagens adoradas de seus antepassados. (Apuleio, *De deo Socratis* [Sobre o deus de Sócrates], cap. 15, vol. II, p. 237, ed. Bipontini.) Da imortalidade da alma e de uma vida após a morte os antigos não tinham qualquer conceito consistente e nítido, que dirá algum que fosse fixado dogmaticamente; tinham, ao contrário, representações imprecisas, vacilantes, indeterminadas e problemáticas, e cada um à sua maneira; e também as representações dos deuses eram igualmente diversas, individuais e vagas. Portanto, os antigos realmente não tinham *religião* em nosso sentido da palavra. Agora, reinou por isso a anarquia e a ilicitude entre eles? Não são, muito antes, a lei e a ordem civil tanto obras suas que até hoje ainda perfazem o fundamento das nossas? Não havia completa garantia da propriedade privada, embora esta consistisse em grande parte em escravos? E não durou esse estado de coisas bem mais que um milênio? –

Portanto, não posso reconhecer as finalidades práticas e a necessidade da religião no sentido sugerido por ti e hoje universalmente popular, a saber, como um fundamento imprescindível de toda ordem legal, e preciso protestar contra essa alegação. Pois de um tal ponto de vista a pura e sagrada aspiração à luz e à verdade pareceria no mínimo quixotesca; e seria considerado criminoso quem ousasse, com tal aspiração, sentir-se no direito de denunciar a crença de autoridade como o usurpador que ocupou o trono da verdade e que nele se sustenta por meio de um constate embuste.

DEMÓFILO. Mas a religião não se opõe à verdade: pois ela mesma ensina a verdade. Ocorre apenas que, por seu círculo de influência ser não um estreito auditório, mas o mundo e a humanidade em grande escala, a religião, para adequar-se às carências e à capacidade de apreensão de um público tão amplo e misto, não pode exibir a verdade nua; ou, para utilizar uma analogia médica: a religião não pode administrar a verdade pura, mas precisa diluí-la em um excipiente mítico. Nesse aspecto também é possível compará-la a certas substâncias químicas, em si mesmas gasosas, as quais, para serem utilizadas para fins oficinais, assim como para conservação ou transporte, precisam ser ligadas a uma base fixa, palpável, porque de outro modo se volatilizam: p. ex., o cloro, que, para todos esses fins, só é usado sob a forma de cloretos. No caso, porém, de a verdade pura e abstrata, livre de qualquer componente mítico, ser eternamente inalcançável para todos, inclusive os filósofos, então ela seria comparável ao flúor, o qual nem mesmo é representável isoladamente, mas só pode aparecer ligado a outras substâncias. Ou, para usar de menos erudição: a verdade absolutamente inexprimível que não de maneira mítica e alegórica seria como a água, que não pode ser transportada sem um recipiente; os filósofos, porém, que insistem em possuí-la em estado puro, são como alguém que arrebenta a vasilha para ficar com a água só para si. Talvez seja realmente esse o caso. De qualquer modo, religião é a verdade expressa de maneira alegórica e mítica, e tornada por meio disso acessível e digerível para a humanidade como um todo: pois esta jamais a toleraria pura e sem diluição, assim como não podemos viver no oxigênio puro, mas precisamos de um acréscimo de 4/5 de nitrogênio. E, para falar de maneira não figurativa: o sentido profundo e o elevado fim da vida só podem ser desvelados e exibidos ao povo de maneira *simbólica*, pois este não é capaz de apreendê-los em seu sentido literal. Em contrapartida, a filosofia deve ser como os mistérios de Elêusis[9]: para poucos escolhidos.

FILALETO. Já entendi: a coisa resume-se à verdade no traje da mentira. Mas com isso ela entra em uma aliança que lhe é prejudicial. Pois que arma perigosa é entregue às mãos daqueles que adquirem a autorização para servir-se da inverdade como veículo da verdade! Nesse caso temos que os danos provocados pela inverdade da coisa excederiam todos os benefícios da verdade nela contida. Sim, se a alegoria pudesse declarar-se como tal, talvez até fosse possível: mas isso lhe tiraria todo o respeito e, com ele, toda a eficácia. Por isso ela precisa fazer-se valer e afirmar-se como verdadeira *sensu proprio* [em sentido próprio]; enquanto ela é verdadeira no máximo *sensu allegorico* [em sentido alegórico]. Aqui se encontra o dano irreparável,

---

9. Ritos de iniciação e santificação do culto público de Atenas. (N.T.)

o obstáculo permanente que é a causa de que a religião sempre tenha entrado e sempre vá voltar a entrar em conflito com a aspiração imparcial e nobre pela verdade pura.

DEMÓFILO. De modo algum: pois também contra isso são tomadas providências. Embora a religião não possa confessar diretamente sua natureza alegórica, sugere-a suficientemente.

FILALETO. E posso saber onde?

DEMÓFILO. Em seus mistérios. Com efeito, "mistério" chega a ser, no fundo, apenas o *terminus technicus* [termo técnico] teológico para a alegoria religiosa. E todas as religiões têm seus mistérios. De fato, um mistério é um dogma manifestamente absurdo, o qual, no entanto, oculta em si uma verdade superior, em si mesma totalmente inapreensível ao entendimento comum da rude multidão, a qual ele incorpora dessa forma velada, de boa-fé, sem se deixar desnortear pela absurdidade, que é evidente também para ele: por meio disso ele se inteira agora do cerne da questão, na medida em que lhe é possível. Como elucidação posso acrescentar que até mesmo na filosofia foi experimentado o uso do mistério, por exemplo quando Pascal, que era simultaneamente pietista, matemático e filósofo, diz, nessa tripla qualidade: Deus é centro por toda parte e em lugar nenhum periferia. Também Malebranche observou de modo inteiramente correto: *la liberté est un mystère* [a liberdade é um mistério]. – Poder-se-ia ir além e afirmar que, na verdade, tudo nas religiões é mistério. Pois ensinar a verdade *sensu proprio* ao povo, em sua rudeza, é absolutamente impossível: apenas um reflexo mítico-alegórico dela pode recair sobre ele e iluminá-lo. A verdade nua não pertence aos olhos do vulgo profano: ela só pode aparecer diante dele em densos véus. Devido a isso, então, é completamente insensato exigir de uma religião que seja verdadeira *sensu proprio*; e é por isso que, dito de passagem, tanto os racionalistas como os suprarracionalistas de nossos dias são absurdos, uma vez que ambos partem do pressuposto que ela precise sê-lo, a partir do qual então os primeiros demonstram que ela não o é e estes afirmam obstinadamente que ela o seja; ou, antes, os primeiros recortam e arranjam o que é alegórico de tal modo que este pudesse ser verdadeiro *sensu proprio*, mas trivial, ao passo que os últimos querem declará-lo como sendo verdadeiro *sensu proprio* sem qualquer retoque – o que, porém, como deveriam saber, é impossível impor sem tribunais de heresias e fogueiras. Pelo contrário, mito e alegoria são de fato o verdadeiro elemento da religião: mas, sob essa condição, tornada incontornável devido à limitação intelectual da grande turba, ela satisfaz muito bem a necessidade metafísica tão inextirpável do ser humano e ocupa o lugar da verdade filosófica pura, que é infinitamente difícil de se alcançar, e que talvez jamais o seja.

FILALETO. Ah, sim, mais ou menos como uma perna de pau substitui uma perna natural: ela ocupa seu lugar, também pode executar provisoriamente suas funções, pretendendo ser tomada como uma perna natural, é montada de maneira mais ou menos artificiosa etc. A diferença, porém, é que, via de regra, existia uma perna natural anterior à de pau, enquanto que a religião conseguiu em toda parte ganhar precedência em relação à filosofia.

DEMÓFILO. Que seja; mas, para quem não tem uma perna natural, a de pau tem grande serventia. Precisas ter em mente que a necessidade metafísica do ser humano requer incondicionalmente a satisfação; pois o horizonte de seus pensamentos precisa ser fechado, não podendo permanecer sem limites. Mas, via de regra, as pessoas não têm juízo para pesar razões e então decidir entre verdadeiro e falso; ademais, o trabalho imposto a elas pela natureza e suas necessidades não lhes deixa tempo algum para investigações desse gênero, nem para a instrução por elas pressuposta. Logo, não se pode falar aqui de convencimentos a partir de razões; pelo contrário, essa gente encontra-se restrita à crença e à autoridade. Mesmo que uma filosofia realmente verdadeira tomasse o lugar da religião, ela não deixaria de ser adotada por no mínimo nove décimos das pessoas apenas com base na autoridade, e portanto seria novamente uma questão de fé: pois o φιλοσοφον πληθος αδυνατον ειναι [é impossível que a grande massa tenha formação filosófica] de Platão será para sempre o caso. A autoridade, porém, estabelece-se unicamente por meio do tempo e das condições; por isso não podemos conferi-la a algo que não tem nada além de razões a seu favor: logo, precisamos deixá-la àquilo que, pelo curso das coisas, chegou a obtê-la, mesmo que se trate da verdade representada de maneira meramente alegórica. Esta, então, apoiada na autoridade, volta-se em primeiro lugar para a disposição verdadeiramente metafísica do homem, isto é, para a necessidade teórica, a qual provém do enigma de nossa existência que se impõe a nós e da consciência de que por detrás do aspecto físico do mundo precisaria, de alguma maneira, estar metido também um aspecto metafísico, algo imutável, que servisse de fundamento à constante mudança; em seguida, porém, essa verdade representada alegoricamente volta-se para a vontade, para o temor e a esperança dos mortais, que vivem passando necessidades constantes: ela cria, por isso, deuses e demônios para eles, que eles podem invocar, aplacar, ganhar para si; finalmente, ela se volta também para a consciência moral presente neles de maneira incontestável, à qual confere confirmação e embasamento externos – um suporte sem o qual não seria fácil para essa consciência se manter na luta com tantas tentações. É precisamente desta perspectiva que a religião oferece uma fonte inesgotável de consolo e tranquilização em meio aos inúmeros e grandes sofrimentos da vida, a qual não abandona o homem nem diante da morte, muito antes exibindo justamente aí toda sua eficácia. Portanto, a religião é como quem toma um cego pela mão e o guia, já que ele mesmo não pode ver e o importante é que ele chegue ao seu destino, e não que ele veja tudo.

FILALETO. Este último aspecto é, sem dúvida, o ponto de destaque da religião. Mesmo sendo uma *fraus*, ela é deveras uma *pia fraus* [uma pia mentira][10]: isso é inegável. Mas isso faz dos sacerdotes um peculiar meio-termo entre farsante e professor de ética. Pois, como tu mesmo discutiste de maneira

---

10. Cf. Ovídio, *Metamorfoses* IX, 711. (N.T.)

inteiramente correta, mesmo que a verdade lhes fosse conhecida – o que não é o caso –, não poderiam ensiná-la enquanto tal. De acordo com isso, é certamente possível que haja uma filosofia verdadeira; mas não uma religião verdadeira: quero dizer verdadeira no sentido verdadeiro e literal, e não apenas por meio de rodeios ou de alegorias, conforme descreveste; pois neste sentido todas seriam verdadeiras, apenas em graus distintos. E, contudo, corresponde completamente à mescla inextricável de bens e males, honestidade e falsidade, bondade e maldade, magnanimidade e vileza que o mundo nos oferece continuamente que a verdade mais importante, elevada e sagrada não possa aparecer senão diluída na mentira, que chegue a ter de emprestar forças desta última e ser por ela introduzida, como revelação, uma vez que ela tem um efeito mais forte sobre as pessoas. Seria possível até mesmo considerar este fato como monograma do mundo moral. Entretanto, não queremos desistir da esperança de que a humanidade algum dia chegue ao ponto de maturidade e instrução em que seja capaz, por um lado, de produzir a verdadeira filosofia e, por outro, de incorporá-la. Pois não é *simplex sigillum veri* [a simplicidade o sinal da verdade]? A verdade nua deve ser tão simples e apreensível que se possa ensiná-la a todos em sua forma verdadeira, sem diluí-la em mitos e fábulas (uma torrente de mentiras) – ou seja, sem fantasiá-la de *religião*.

DEMÓFILO. Não tens uma noção adequada da miserável capacidade da multidão.

Filaleto. Pronuncio-o também apenas como esperança: mas desistir dela não posso. Então a verdade, em forma simples e apreensível, certamente derrubaria a religião da posição que ela ocupara por tanto tempo como suplente, mas que justamente com isso mantivera vaga para aquela. Pois nesse momento a religião terá cumprido sua missão e encerrado sua trajetória: ela poderá então exonerar a gente que conduzira até a emancipação e poderá ela mesma, por sua vez, falecer em paz. Esta será a eutanásia da religião. Mas, enquanto vive, ela tem duas faces: uma da verdade e uma do embuste. Dependendo da face que se tem diante de si, haver-se-á de amá-la ou hostilizá-la. Por isso é preciso considerá-la como um mal necessário, cuja necessidade se deve à miserável fraqueza de espírito da grande maioria das pessoas, a qual é incapaz de apreender a verdade e, portanto, em um caso urgente, precisa de um substituto para ela.

Demófilo. Deveras, chega a parecer como se vós, filósofos, já tivésseis a verdade toda pronta e que se trataria agora apenas de apreendê-la.

Filaleto. Se não a possuímos, isso deve-se principalmente à pressão sob a qual a filosofia foi mantida pela religião em todos os tempos e países. Procurou-se impossibilitar não apenas o pronunciamento e a comunicação da verdade, mas até mesmo que se pensasse sobre ela e a encontrasse, ao entregar as cabeças na mais precoce infância aos sacerdotes, para que estes as moldassem, imprimindo então com tanta firmeza os trilhos em que os pensamentos fundamentais haveriam de se movimentar dali em diante que estes, no essencial, permaneciam fixados e determinados por toda a vida. Por vezes me assombro, especialmente quando, retornando de meus estudos orientais, tomo nas mãos os escritos até mesmo das cabeças mais excelentes dos séculos XVI e XVII e vejo como elas estão por toda parte paralisadas e limitadas pelo pensamento fundamental judaico. Quero ver alguém de tal modo predisposto conceber a verdadeira filosofia!

DEMÓFILO. Aliás, mesmo que fosse encontrada essa verdadeira filosofia, a religião não sumiria do mundo, como pensas. Pois não pode haver uma metafísica para todos: a diferença natural entre as forças intelectuais, somada ainda às diferenças do grau de instrução, jamais o permitirá. A grande maioria das pessoas precisa necessariamente submeter-se ao pesado trabalho braçal, que é exigido de modo indispensável para o suprimento das infinitas demandas de toda a espécie: e isso não apenas não lhes deixa tempo para formação, aprendizado e reflexão, mas, graças ao decidido antagonismo entre irritabilidade e sensibilidade, o trabalho braçal em grande quantidade e com grande esforço embota o espírito, torna-o pesado, rude, torpe e portanto incapaz de apreender relações que não sejam extremamente simples e palpáveis. Agora, pelo menos nove décimos do gênero humano caem nessa categoria. No entanto, as pessoas nem por isso deixam de precisar de uma metafísica, isto é, de uma prestação de contas quanto ao mundo e à nossa existência – porque isso pertence às carências mais naturais do ser humano –, e de uma metafísica popular, a qual, para poder sê-lo, tem que reunir um grande número de raras propriedades, a saber: uma grande compreensibilidade aliada a uma certa obscuridade ou até mesmo impenetrabilidade nos pontos adequados; ademais, é preciso que uma moral correta e satisfatória esteja ligada a seus dogmas; mas, acima de tudo, ela tem que oferecer um consolo inesgotável para o sofrimento e a morte. Agora, disso já segue que ela só poderá ser verdadeira *sensu allegorico*, e não *sensu proprio*. Mais além, ela precisa ainda contar com o apoio de uma autoridade imponente por meio de avançada idade, reconhecimento geral, certificações, juntamente com o tom e a exposição – todas propriedades que são infinitamente difíceis de se reunir, de modo que muitos, se refletissem a respeito, não haveriam de ajudar com tanta prontidão no solapamento de uma religião, mas sim considerar que ela é o tesouro mais sagrado do povo. Quem quiser proferir um juízo sobre a religião deve sempre ter em vista a constituição da grande turba à qual é destinada, quer dizer, tornar presente toda a sua baixeza moral e intelectual. É inacreditável quão longe se vai com isso, e com que tenacidade, mesmo sob o invólucro mais rude de fábulas monstruosas e cerimônias grotescas, uma pequena centelha de verdade segue em brasa; aderindo de maneira tão inextirpável quanto o odor do almíscar em tudo que alguma vez tenha estado em contato com ele. Para elucidação deste fato compare-se a profunda sabedoria hindu que consta nos Upanixades com a insana idolatria na Índia atual, tal como aparece em peregrinações, procissões e festas, e com o frenético e excêntrico modo de agir dos saniasi[11] destes tempos. Não obstante, é inegável que no fundo de todos esses frenesis e excentricidades se oculta algo que está em harmonia com a mencionada sabedoria profunda, ou que fornece dela um reflexo. Este algo, porém, teve necessidade desse tipo de acabamento para a grande e brutal turba. – Temos, nessa oposição, os dois polos da humanidade diante de nós: a sabedoria dos indivíduos e a bestialidade da multidão – os quais, porém, encontram ambos um consenso na questão moral. Ó, quem não se lembra aqui do seguinte dito do Kural: "O povo comum parece humano; mas algo idêntico ao humano nunca vi" (verso 1071). – Quem tiver uma instrução superior pode sempre interpretar para si a religião *cum grano salis*; o erudito, a cabeça pensante, pode substituí-la em silêncio por uma filosofia. E mesmo aqui não há *uma* filosofia que seja adequada a todos, mas cada uma atrai para si, segundo leis de afinidades eletivas, aquele público cuja instrução e cujas forças intelectuais forem compatíveis com ela. Por isso há sempre uma metafísica escolástica inferior, para a plebe erudita, e uma mais elevada, para a elite. Ora, até mesmo a elevada doutrina de Kant teve de ser primeiramente rebaixada e corrompida para as escolas por gente como [Jakob Friedrich] Fries, [Wilhelm Traugott] Krug, [Jakob] Salat, entre outros. Em suma, vale aqui como em toda parte o "um não serve para todos" de Goethe.[12] A pura crença na revelação e a pura metafísica servem aos dois

---

11. Praticante do estilo de vida saniasa (cf. nota 2 à p. 112). (N.T.)
12. Do poema *Beherzigung*. (N.T.)

extremos: e para os estágios intermediários há também modificações de ambas uma pela outra, em inúmeras combinações e gradações. Assim exige a diferença imensurável que natureza e instrução introduziram entre os homens. As religiões preenchem e dominam o mundo, e a grande maioria da humanidade obedece a elas. Ao lado delas caminha lentamente a silenciosa sucessão dos filósofos, os quais trabalham na solução do grande mistério para os poucos que sejam capacitados para tanto por meio da disposição e instrução. Em média, cada século produz um deles: e este, assim que reconhecido como autêntico, é sempre recebido com júbilo e ouvido com atenção. –

FILALETO. Esse ponto de vista lembra-me seriamente os por ti já mencionados mistérios dos antigos, que parecem fundar-se na intenção de remediar esse obstáculo surgido da diferença quanto às disposições intelectuais e quanto à instrução. Seu plano para tanto era isolar da grande turba da humanidade, à qual a verdade é totalmente inacessível, alguns aos quais se pudesse desvelá-la até um certo grau; destes, por sua vez, mais outros, aos quais se revelava ainda mais, uma vez que tinham maior capacidade para apreendê-lo; e assim em diante, até os epoptas. Desse modo, havia μικρα, και μειζονα, και μεγιστα μυστηρια [mistérios pequenos, médios e grandes]. Esse proceder apoiava-se em um conhecimento correto da desigualdade intelectual entre os homens.

DEMÓFILO. Em certa medida, a instrução em escolas inferiores, médias e superiores substitui as distintas iniciações nos mistérios.

FILALETO. Porém apenas de maneira bastante aproximada, e só enquanto se escrevia sobre os objetos do saber superior exclusivamente em latim. Mas desde que isso acabou, todos os mistérios são profanados.

DEMÓFILO. Seja como for, queria ainda lembrar, com vistas à religião, que deverias tomá-la menos pelo lado teórico, e mais pelo prático. Por mais que a metafísica personificada venha a ser sua inimiga, a moral personificada será sua amiga. Talvez o elemento metafísico de todas as religiões seja errado; mas o elemento moral é verdadeiro em todas: já o fato de elas todas se contradizerem no primeiro aspecto, mas concordarem no último, conduz a essa suspeita...

FILALETO. O que fornece uma prova da regra lógica segundo a qual uma conclusão verdadeira pode seguir de premissas falsas.

DEMÓFILO. Pois então atém-te à conclusão e mantém sempre em mente que a religião tem dois lados. Mesmo que, vista apenas pelo lado teórico, portanto intelectual, não devesse ter o direito de subsistir, ela se mostra, em contrapartida, do lado moral, como o único meio para dirigir, domar e apaziguar essa raça de animais dotados de razão, cujo parentesco com o símio não exclui o que tem com o tigre. Ao mesmo tempo, via de regra, ela fornece satisfação suficiente à sua letárgica necessidade metafísica. Parece-me que não tens uma noção adequada da diferença abismal, do profundo precipício que há entre a tua cabeça erudita, exercitada no pensamento e esclarecida, e a consciência torpe, canhestra, opaca e morosa daqueles animais de carga da humanidade cujos pensamentos se voltam exclusivamente para a preocupação com a própria subsistência, não podendo ser movimentados em outro sentido, e cuja força muscular é empregada com tal exclusividade que a força nervosa, que constitui a inteligência, se vê profundamente reduzida. Pessoas desse gênero precisam sempre ter algo tangível em que possam se apoiar no acidentado e espinhoso trajeto de suas vidas, alguma bela fábula por meio da qual lhe sejam ensinadas coisas que seu rude entendimento não pode absolutamente incorporar de outra maneira que não figurativamente e por meio de analogias.

Filaleto. Crês que honestidade e virtude sejam mentira e engodo, para que seja preciso embelezá-las com uma rede de fábulas?

Demófilo. Longe de mim! Mas as pessoas precisam ter algo onde possam ancorar seus sentimentos e suas ações morais. É impossível aproximar-se delas com explicações profundas e refinadas distinções. Em vez de designar a verdade das religiões como *sensu allegorico*, poder-se-ia, como a teologia moral kantiana, chamá-la de hipóteses com finalidade prática, ou de esquemas hodegéticos[13], de hipóteses regulativas, da mesma espécie que as da física, que fala de correntes elétricas para

---

13. O conceito de hodegética (*Hodegetik*, em alemão) – "doutrina da orientação" – foi introduzido no meio acadêmico alemão da época do Iluminismo para designar concepções metódicas e pedagógicas que servissem de diretrizes para as instituições de ensino. (N.T.)

explicar o magnetismo ou de átomos para explicar as proporções dos compostos químicos etc.[14], das quais se cuida para não afirmar que sejam objetivamente verdadeiras, embora fazendo uso delas para estabelecer uma conexão entre os fenômenos, uma vez que têm para o resultado e a experimentação mais ou menos as mesmas consequências que a própria verdade. Elas são estrelas-guia para a ação e uma tranquilização subjetiva para o pensamento. Se tomares a religião nesse sentido e considerares que seus fins são preponderantemente práticos, sendo os teóricos apenas subordinados, ela te parecerá altamente respeitável.

FILALETO. Respeito este que repousaria afinal sobre o princípio de que o fim justifica os meios. Eu, porém, não sinto qualquer inclinação para um compromisso fundado nisso. Por mais que a religião seja um excelente meio de domesticação e adestramento dessa perversa, apática e maldosa espécie bípede, aos olhos do amigo da verdade toda *fraus* [mentira], por mais *pia* que seja, permanece condenável. Com efeito, mentira e engodo seriam um meio peculiar para promover a virtude. A bandeira à qual jurei é a verdade: a ela permanecerei sempre fiel e, sem pensar no sucesso, lutarei pela luz e pela verdade. Se avisto as religiões nas fileiras inimigas, então eu...

DEMÓFILO. Porém lá não haverás de encontrá-las! A religião não é nenhum engodo: ela é verdadeira, e a mais importante de todas as verdades. Mas, como já dito, porque seus ensinamentos são de

---

14. Até os polos, o equador e as paralelas no firmamento são desse gênero: não há nada disso no céu: ele não gira.

espécie tão elevada que a grande turba não poderia apreendê-los de maneira imediata; porque, digo eu, a luz dos mesmos haveria de cegar o olho vulgar – por isso ela aparece envolta no véu da alegoria e ensina algo que, embora não sendo exatamente verdadeiro em si, o é, não obstante, segundo o elevado sentido nela contido: e, entendida desta maneira, ela é a verdade.

FILALETO. Isso seria aceitável – se apenas ela pudesse se pretender verdadeira apenas em sentido alegórico. Mas acontece que a religião se apresenta com a pretensão de ser realmente verdadeira no sentido literal da palavra: é nisso que se encontra o engodo, e é nesse ponto que o amigo da verdade precisa se opor a ela com hostilidade.

DEMÓFILO. Mas, ora, essa é a *conditio sine qua non*. Quisesse ela admitir que apenas o sentido alegórico de suas doutrinas é verdadeiro, isso tirar-lhe-ia toda a eficácia, e sua influência benéfica inestimável sobre o elemento moral e sentimental no homem seria perdida com tal rigor. Portanto, em vez de insistir nisso com pedante obstinação, considera suas grandes realizações no âmbito prático, no campo da moral, dos sentimentos, como guia da ação, como apoio e consolo da humanidade sofredora, tanto na vida como na morte. Quanto haverás de cuidar para não tornar suspeito para o povo, e, por meio disso, finalmente arrancar-lhe algo que lhe é uma fonte inesgotável de consolo e tranquilidade, de que tanto necessita, mais que nós, dado seu destino mais duro: pois só por isso a religião já deveria ser absolutamente intocável.

FILALETO. Com *esse* argumento seria possível derrotar Lutero em seu ataque ao tráfico de indulgências: pois a quantos não serviram os comprovantes de perdão como consolo insubstituível e total tranquilização, de modo que cada um deles, com plena confiança em um pacotinho de tais comprovantes que segurava na mão no leito de morte, passava desta para outra com alegre confiança, convencido de ter nele seus bilhetes de entrada para os nove céus. – De que servem meios de consolo e tranquilização sobre os quais está suspensa constantemente a espada de Dâmocles da desilusão? A verdade, meu amigo, unicamente a verdade se sustenta, persiste e permanece fiel: seu consolo é o único dotado de solidez: ela é o diamante indestrutível.

DEMÓFILO. Sim, se ao menos tivésseis a verdade no bolso para brindar-nos com ela de acordo com nossa demanda. Mas o que tendes são apenas sistemas metafísicos em que nada é seguro além da dor de cabeça que nos custam. Antes de tomar algo de alguém é preciso ter algo melhor para dar em troca.

FILALETO. Quisera eu não ter que ouvir sempre isso! Libertar alguém de um equívoco não significa tomar algo dele, mas dar-lhe algo: pois o conhecimento de que algo é falso é, em si, uma verdade. Porém, não há engano inofensivo; pelo contrário, todos irão, mais cedo ou mais tarde, trazer desgraça àquele que os cultiva. Por isso não se deve enganar a ninguém, e sim admitir não saber o que não se sabe e deixar que cada um construa os próprios dogmas. Talvez não resultem tão ruins assim, especialmente porque entrarão em atrito uns com os outros, retificando-se mutuamente: seja como for, a diversidade de perspectivas gerará tolerância. Aqueles, porém, que tenham conhecimentos e capacidades para tanto devem dedicar-se ao estudo dos filósofos, ou até mesmo levar adiante eles mesmos a história da filosofia.

DEMÓFILO. Quão belo seria! Um povo inteiro de metafísicos naturalizando, brigando entre si e *eventualiter* [eventualmente] espancando uns aos outros!

FILALETO. Ora, uma certa dose de pancadaria de vez em quando constitui o tempero da vida, ou pelo menos um mal deveras pequeno se comparado ao império dos vigários, à espoliação dos leigos, à perseguição dos hereges, aos tribunais de inquisição, às cruzadas, às guerras religiosas, às noites de São Bartolomeu etc. Pois esses têm sido os sucessos da metafísica popular que nos é imposta: por isso insisto que não se deve esperar uvas do espinheiro nem benesses de mentiras e enganações.

DEMÓFILO. Quantas vezes preciso repetir que a religião é tudo menos mentira e enganação, mas sim a própria verdade, apenas em uma vestimenta mítico-alegórica? – Mas, com vistas a teu plano de que cada um deveria ser fundador da própria religião, eu ainda teria de dizer que um tal particularismo contradiz completamente a natureza humana, e que justamente por isso haveria de suspender toda e qualquer ordem social. O homem é um *animal metaphysicum* [animal metafísico], quer dizer, tem uma necessidade metafísica extraordinariamente forte: consequentemente, ele apreende a vida acima de tudo em sua significação metafísica e quer que tudo derive dela. Por isso, por mais estranho que isso soe dada a incerteza de todos os dogmas, o consenso quanto aos pontos de vista fundamentais da metafísica é para ele de importância capital, tanto que uma comunidade genuína e duradoura só é possível entre aqueles que tenham a mesma opinião sobre eles. Por consequência disso, os povos se identificam e se distinguem muito mais segundo as religiões do que segundo os governos, e até mesmo mais do que segundo as línguas. Por isso, o edifício da sociedade, o Estado, só adquire plena firmeza quando um sistema metafísico universalmente reconhecido lhe serve como suporte. Naturalmente, um tal sistema só pode ser uma metafísica popular, isto é, uma religião. Esta, porém, funde-se com a Constituição do Estado e com todas as manifestações vitais comuns do povo, assim como com todos os atos solenes da vida privada. Assim era na Índia antiga, entre os persas, os egípcios, os judeus, também entre gregos e romanos, assim é ainda entre os povos bramânicos, budistas e maometanos. Na China há, de fato, três doutrinas religiosas, das quais justamente a mais difundida, o budismo, é a menos cultivada pelo Estado: no entanto, um provérbio chinês universalmente válido e diariamente utilizado diz: "as três doutrinas são uma só", quer dizer, elas concordam quanto ao principal. Também o imperador declara crer em todas as três juntas e ao mesmo tempo. A Europa, por fim, é a confederação *cristã*: o cristianismo é a base de cada um de seus membros e o elo que une a todos; é por isso também que a Turquia, embora se encontre na Europa, não é de fato considerada parte dela. Em concordância com isso, os reis europeus o são "por graça divina", e o papa é o governador divino, o qual, por isso, quando se encontrava no ápice de seu prestígio, quis considerar todos os tronos apenas como feudos por ele concedidos: a isso correspondia também que os arcebispos e bispos tivessem, enquanto tais, poderes seculares, assim como, ainda hoje na Inglaterra têm cadeiras e vozes no Senado. Soberanos protestantes são, enquanto tais, cabeças de suas igrejas: e ainda há poucos anos esse posto foi ocupado por uma menina de dezoito anos de idade. Já pela destituição do papa a Reforma abalou o edifício estatal europeu e dissolveu em especial a verdadeira unidade da Alemanha por meio da suspensão da comunidade religiosa, unidade essa que, mais tarde, após ter se desintegrado de fato, precisou, por isso, ser reconstituída por meio de laços artificiais, meramente políticos. Vês, portanto, o quão essencial é a ligação da crença e de sua unidade com a ordem social e com todo e qualquer Estado. Ela é por toda parte o suporte das leis e da Constituição, portanto o fundamento do edifício comunal, o qual inclusive dificilmente persistiria se essa crença não conferisse ênfase à autoridade do governo e ao prestígio do soberano.

Filaleto. Ah, sim, para os reis o Senhor é o bicho papão que usam para mandar as crianças grandes para a cama quando nada mais funciona; é por isso também que eles o estimam tanto. Pois bem; entretanto, gostaria de aconselhar todos os senhores soberanos a ler, com seriedade e atenção, duas vezes por ano, em um dia fixo, o décimo quinto capítulo do primeiro livro de Samuel, para que nunca percam de vista as implicações de se apoiar o trono sobre o altar. Ademais, esse meio de governo perdeu grande parte de sua eficácia desde que a *ultima ratio theologorum* [última razão dos teólogos], a fogueira, caiu em desuso. Pois, bem o sabes, as religiões são como os vaga-lumes: carecem da escuridão para brilhar. Um certo grau de ignorância geral é a condição de qualquer religião, o único elemento em que pode viver. Tão logo, porém, a astronomia, a ciência da natureza, a geologia, a história, a geografia e a etnologia espalhem sua luz por todos os lados e finalmente até à filosofia seja permitido se manifestar, toda e qualquer crença baseada em milagres e revelações terá de sucumbir; após o que a filosofia haverá de ocupar seu lugar. Na Europa esse dia do conhecimento e da ciência raiou por volta do final do século XV, com a chegada de gregos modernos eruditos, e seu sol ascendeu mais e mais nos tão fecundos séculos XVI e XVII, dissipando a névoa da Idade Média. Na mesma medida, a Igreja e a fé tiveram de declinar; por isso, filósofos ingleses e franceses do século XVIII já puderam se insurgir diretamente contra elas, até que finalmente, sob a regência de Frederico, o Grande, surgiu Kant, o qual tomou da crença religiosa o apoio que a filosofia até então lhe dera e emancipou a *ancilla theologiae* [criada da teologia] ao atacar a questão com esmero e serenidade alemães, com o que ela adquiriu um semblante menos frívolo, porém tanto mais sério. Por consequência disso vemos o cristianismo bastante enfraquecido no século XIX, quase totalmente abandonado pela crença séria, até mesmo já lutando pela própria existência, enquanto reis preocupados procuram ajudá-lo a se erguer por meio de estimulantes artificiais, tal como o médico que usa o almíscar para animar o moribundo. Mas ouve uma passagem do *Esboço de um quadro histórico dos progressos do espírito humano*, de Condorcet, a qual parece ter sido escrita como uma advertência ao nosso tempo: *le zèle religieux des philosophes et des grands n'était qu'une dévotion politique: et toute religion, qu'on se permet de défendre comme une croyance qu'il est utile de laisser au peuple, ne peut plus espérer qu'une agonie plus ou moins prolongée* [o zelo religioso dos filósofos e grandes homens não era nada mais que uma devoção política: e toda religião que nos permitimos defender como uma crença que é útil deixar ao povo não pode esperar mais do que uma agonia mais ou menos prolongada] (*ep. 5*). – Em todo decurso do processo descrito podes sempre observar que fé e saber estão um para o outro como dois pratos de uma balança: à medida que um sobe, o outro desce. Sim, esta balança é tão sensível que ela chega a indicar influências momentâneas: como por exemplo no início deste século, quando os saques de hordas francesas, sob seu comandante Bonaparte, e o grande esforço exigido depois para a expulsão e punição dessa corja de bandidos provocaram uma negligência temporária das ciências e, com isso, uma certa redução na propagação generalizada dos conhecimentos, a Igreja começou no mesmo instante a se reerguer, e a fé mostrou uma revitalização imediata, a qual, certamente, como é adequado à época, foi em parte de natureza meramente poética. Em contrapartida, na paz de mais de trinta anos que se seguiu, o ócio e a prosperidade favoreceram o cultivo da ciência e a propagação dos conhecimentos em proporções incomuns da qual a mencionada decadência da religião, que ameaça se dissipar, é consequência. Talvez esteja até mesmo para chegar em breve o momento tão frequentemente profetizado em que ela se despedirá da humanidade europeia, como uma ama para cujos cuidados a criança já está muito crescida, sendo de agora em diante confiada à instrução de um preceptor. Pois, sem dúvida, meras doutrinas de fé apoiadas sobre autoridade, milagres e revelação são um auxílio adequado apenas à infância da humanidade: que, porém, um gênero cuja duração até agora, como um todo, segundo os indícios coerentes de todos os dados físicos e históricos, não comporta mais do que cerca de cem vezes a vida de um homem de sessenta anos se encontre ainda na primeira infância será admitido por qualquer um.

DEMÓFILO. Ó, quem dera, em vez de profetizares com franco contentamento a derrocada do cristianismo, quisesses considerar a gratidão infinita que a humanidade europeia deve a essa sua religião, a qual seguiu tardiamente em seu encalço, vinda de seu verdadeiro antigo lar, o Oriente! Ela ganhou por meio do cristianismo uma tendência que até então lhe era estranha, graças ao conhecimento da verdade fundamental de que a vida não pode ser um fim em si mesma, mas que o verdadeiro fim de nossa existência se encontra para além desta. Pois gregos e romanos situaram-no sempre *dentro* da própria vida, podendo, aliás, por isso, ser chamados de pagãos cegos. Também por isso todas as suas virtudes resumem-se àquilo que é de serventia ao bem comum – o útil –, e Aristóteles diz, com total ingenuidade: "é necessário que as maiores virtudes sejam aquelas que são as mais úteis aos outros" (αναγκη δε μεγιστας ειναι αρετας τας τοις αλλοις χρησιμωτατας. *Retórica* I, cap. 9). É por isso também que o amor à pátria é a mais alta virtude entre os antigos – embora, na verdade, chegue a ser bastante ambígua, dado que a limitação, o preconceito, a vaidade e um egoísmo esclarecido têm grande parte nela. Logo antes da passagem que acabo de citar, Aristóteles enumera todas as virtudes, para então discuti-las uma a uma. São elas: justiça, coragem, moderação, magnanimidade (μεγαλοπρεπεια), generosidade, liberalidade, brandura, racionalidade e sabedoria. Como diferem das virtudes cristãs! Até mesmo Platão, de longe o filósofo mais transcendente da Antiguidade pré-cristã, não conhece nenhuma virtude superior à justiça, a qual inclusive ele é o único a recomendar de maneira incondicional e por causa dela própria; enquanto que em todos os demais filósofos dessa era o objetivo de toda virtude é uma vida feliz, *vita beata*, e a moral, uma orientação para tanto. Foi o cristianismo que libertou a humanidade europeia dessa trivial e grosseira absorção em uma existência efêmera, incerta e insípida

coelumque tueri
Jussit, et erectos ad sidera tollere vultus.[15]
[e intimou-a
A olhar, com a cabeça erguida, para as estrelas do céu.]

Em consonância com isso, o cristianismo não pregava a mera justiça, mas filantropia, compaixão, benevolência, conciliação, amor aos inimigos, paciência, humildade, renúncia, fé e esperança. Sim, ele foi além: ensinou que o mundo é enraizado nos males e que careceríamos de redenção; por consequência disso pregava desprezo pelo mundo, abnegação de si, castidade, desistência da própria vontade, quer dizer, desapego em relação à vida e seus enganosos prazeres; ensinou ainda a reconhecer o poder curativo do sofrimento, e o símbolo do cristianismo é um instrumento de tortura. – Admito de boa vontade que essa perspectiva séria sobre a vida, a única correta, já se encontrava difundida sob outras formas em toda a Ásia fazia milênios, e continua também ainda hoje, independentemente do cristianismo; mas para a humanidade europeia ela foi uma revelação nova e grandiosa. Pois é sabido que a população da Europa é composta de tribos asiáticas deslocadas e extraviadas que foram chegando ao longo do tempo, as quais, nessa longa migração, perderam sua religião nativa originária e, com isso, o ponto de vista correto sobre a vida; por isso, nesse novo clima, constituíram para si religiões próprias e bastante rudimentares, especialmente a druídica, a

---

15. Ovídio, *Metamorfoses* I, 86. (N.T.)

odínica e a grega, cujo teor metafísico era escasso, chegando a ser superficial. – Entretanto, entre os gregos desenvolveu-se um sentido para a beleza refinado e correto, totalmente especial, quase instintivo, próprio unicamente a eles, dentre todos os povos da Terra que jamais existiram: por isso, pela boca de seus poetas e pelas mãos de seus artistas, sua mitologia adquiriu uma forma sobremaneira bela e agradável. Em contrapartida, a significação séria, verdadeira e profunda da vida fora perdida para os gregos e romanos: eles levavam a vida como grandes crianças, até chegar o cristianismo para relembrar-lhes sua seriedade.

FILALETO. E para avaliar as consequências disso basta compararmos a Antiguidade com a Idade Média que a ela se seguiu, por exemplo a época de Péricles com o século XIV. É difícil acreditar que se tem em ambas a mesma espécie de entes diante de si: lá o mais belo desdobramento da humanidade, excelentes instituições públicas, sábias leis, magistraturas distribuídas com astúcia, uma liberdade regulada de modo racional, todas as artes e também a poesia e a filosofia em seu ápice, todas criando obras que ainda permanecem, após milênios, como modelos inalcançados, quase como obras de entes superiores, aos quais jamais poderemos nos igualar, e ainda a vida embelezada pela mais nobre sociabilidade, da qual o *Banquete*, de Xenofonte, nos fornece uma ilustração. E agora olha aqui, se fores capaz. – Encara o tempo em que a Igreja agrilhoou os espíritos e a violência os corpos, para que cavaleiros e curas pudessem lançar todo o fardo da vida sobre o animal de carga de ambos, o terceiro estamento. Aqui encontras a lei do mais forte, o feudalismo e o fanatismo em aliança estreita, seguidos por uma ignorância e um obscurecimento de espírito pavorosos e, correspondentemente, a intolerância, as cismas e guerras religiosas, cruzadas, perseguições de hereges e inquisições; e como forma da sociabilidade encontras aqui a cavalaria, um remendo composto de grosseria e afetação, com suas caretas e seus absurdos, cultivados pedantemente e sistematizados, acompanhados de uma superstição degradante e uma veneração pelo sexo feminino digna de símios, da qual um resto ainda hoje presente, o galanteio, é pago com uma arrogância feminina bem merecida e fornece constantemente a todos os asiáticos material para chacotas, nas quais também os gregos teriam tomado parte. Na áurea Idade Média essa história chegou até mesmo a um serviço formal e metódico às mulheres, que exigiam façanhas heroicas, *cours d'amour* [cortes do amor], cantorias trovadorescas preciosísticas etc.; embora se deva notar que estas últimas palhaçadas, que não deixam de ter um lado intelectual, provinham principalmente da França, enquanto que entre os alemães, materialistas e embotados, os cavaleiros se destacavam mais em atividades como beber e saquear: canecos e covis eram com eles mesmos; nas cortes também havia, sem dúvida, alguma insípida cantoria trovadoresca. E o que fizera a cena mudar tão radicalmente? As invasões bárbaras e o cristianismo.

DEMÓFILO. Que bom que lembraste disso. As invasões bárbaras foram a fonte do mal, e o cristianismo, a represa contra a qual este se chocou. O cristianismo foi, em um primeiro momento, justamente o meio de amansamento e domesticação das rudes e selvagens hordas trazidas pela enxurrada das invasões bárbaras. O homem rude precisa primeiramente aprender a se ajoelhar, a venerar e obedecer: somente então é possível civilizá-lo. Isso foi obtido, assim como na Irlanda por São Patrício, também na Alemanha por Winfried, o Saxão, tendo sido por isso um verdadeiro Bonifacius.[16] As invasões bárbaras, este último avanço de tribos asiáticas em direção à Europa, ao qual seguiram apenas tentativas estéreis dessa espécie, sob o comando de Átila, Gêngis Khan e Tamerlão, e, como epílogo cômico, os ciganos – foram as invasões bárbaras que carregaram em sua enxurrada a humanidade da Antiguidade: o cristianismo, porém, foi justamente o princípio que combateu a rudeza e contra ela atuou; assim como mesmo mais tarde, ao longo de toda a Idade Média, a Igreja, com sua hierarquia, foi altamente necessária para impor limites à rudeza e à barbaridade dos detentores do poder físico, os reis e cavaleiros: ela foi o quebra-gelo desse poderoso iceberg. No entanto, vale lembrar que a finalidade do cristianismo em geral não é tanto tornar esta vida agradável, mas muito antes tornar-nos dignos de uma vida melhor: ele olha para além deste período de tempo, deste sonho fugaz, para conduzir-nos à salvação eterna. Sua tendência é ética no sentido mais elevado da palavra, até então desconhecido

---

16. Referência a São Bonifácio de Mogúncia (c. 672-c.755), importante propagador do cristianismo na região da atual Alemanha, cujo nome latino Bonifacius significa "benfeitor". (N.T.)

na Europa, conforme já demonstrei a ti por meio da comparação da moral e da religião dos antigos com as cristãs.

FILALETO. Tens razão, na teoria; mas vê só a prática. É inquestionável que, em comparação com os séculos cristãos que se seguiram, os antigos eram menos cruéis do que a Idade Média, com suas inúmeras condenações ao martírio e à fogueira; ademais, os antigos eram muito tolerantes, tinham especial estima pela justiça, sacrificavam-se com frequência pela pátria, exibiam traços magnânimos de toda espécie e uma humanidade tão genuína que, até os dias de hoje, o estudo de seu agir e pensar é chamado de humanidades. Guerras religiosas, massacres religiosos, cruzadas, inquisição e outros tribunais de heresias, extermínio da população nativa da América e introdução de escravos africanos em seu lugar – tudo isso foi fruto do cristianismo, e não se pode encontrar nada de análogo, ou que equilibre a balança, entre os antigos: pois os escravos dos antigos, a *familia* [criadagem], os *vernae* [escravos domésticos], uma gente satisfeita, entregue ao senhor com lealdade, são tão distintos dos negros infelizes das plantações de açúcar – essa vergonha da humanidade – quanto a cor de um difere da do outro. A tolerância, sem dúvida censurável, em relação à pederastia, que constitui a principal acusação contra a moral dos antigos, é uma ninharia se comparada com os horrores cristãos citados, sem contar que entre os modernos ela não se tornou tão mais rara, mas apenas menos aparente. Podes, ponderando tudo com cuidado, afirmar que a humanidade realmente melhorou moralmente com o cristianismo?

Demófilo. Se o sucesso não correspondeu por toda parte à pureza e à correção da doutrina, isso talvez se deva ao fato de que essa doutrina era demasiado nobre, demasiado sublime para a humanidade, que, portanto, a meta foi demasiado alta: cumprir com a moral pagã era sem dúvida mais fácil; o mesmo vale para a maometana. Além disso, justamente o que é mais sublime encontra-se mais exposto ao abuso e à fraude: *abusus optimi pessimus* [o abuso do melhor é o pior abuso]: é por isso que essas elevadas doutrinas serviram também de pretexto para os atos mais hediondos e para verdadeiras atrocidades. – Já o declínio das instituições públicas antigas, assim como das artes e das ciências do mundo antigo, deve, como dito, ser imputado à invasão de estrangeiros bárbaros. Que depois a ignorância e a rudeza predominassem e, consequentemente, a violência e a trapaça tomassem o poder, de modo que cavaleiros e curas pesassem sobre a humanidade, tudo isso era inevitável. Em parte explica-se também a partir disso por que a nova religião ensinava a buscar a salvação eterna em vez da temporal, dava preferência à ingenuidade do coração em relação ao saber da cabeça e era avessa a todos os prazeres mundanos, aos quais também as ciências e as artes servem. Porém, estas últimas também eram incentivadas na medida em que se punham a serviço da religião, de modo que as artes não deixaram de apresentar um certo florescimento na era cristã.

Filaleto. Em um âmbito bastante limitado. As ciências, porém, eram companheiras suspeitas e foram restringidas como tais; a amável ignorância, porém, esse elemento tão necessário às doutrinas de fé, foi cultivada com esmero.

DEMÓFILO. E, não obstante, o que a humanidade tinha até então adquirido em termos de saber e depositado nos escritos dos antigos foi salvo da ruína unicamente pelo clero, principalmente nos monastérios. Oh, o que teria sucedido após as invasões bárbaras se o cristianismo não tivesse aparecido pouco antes!

FILALETO. Seria realmente uma investigação bastante útil tentar alguma vez pesar precisa e corretamente, com grande isenção e frieza, sem tomar partido, as vantagens adquiridas por meio das religiões e as desvantagens por elas provocadas. Para tanto carece-se certamente de uma quantidade muito maior de dados históricos e psicológicos do que nós dois temos à disposição. Academias podiam fazer dessa questão objeto de um concurso premiado.

DEMÓFILO. Deviam ter cuidado quanto a isso.

FILALETO. Espanta-me que o digas: pois é um mau sinal para as religiões. Aliás, há também academias de cujos concursos a condição tácita é que ganhará o prêmio quem souber dizer melhor o que querem ouvir. – Se apenas um estatístico pudesse nos precisar quantos crimes deixam de ocorrer a cada ano por motivos religiosos, e quantos por outros motivos, veríamos que os primeiros seriam bem poucos. Pois, quando alguém se sente tentado a cometer um crime, a primeira coisa que se opõe a esse pensamento é sem dúvida a pena que lhe seria imposta e a possibilidade de ser a ela submetido; após isso ele considerará, em segundo lugar, o perigo para sua honra. E, se não me engano, ele haverá de ruminar durante horas essas duas objeções antes que considerações religiosas sequer lhe venham à mente. Se, porém, ele tiver superado essas duas primeiras salvaguardas contra o crime, então creio que, em raríssimos casos, a religião será *a única* que ainda poderá impedi-lo.

DEMÓFILO. Eu, porém, creio que ela haverá de fazê-lo com bastante frequência; especialmente se sua influência já age por meio do hábito, de modo que a pessoa já estremece imediatamente diante de grandes maldades. A impressão precoce adere. Considera, a título de elucidação, quantos, especialmente entre os nobres, cumprem as promessas dadas, frequentemente com grandes sacrifícios, unicamente porque na infância o pai repetiu amiúde, com uma expressão grave: "Um homem honrado – ou um *gentleman* – ou um cavalheiro – jamais quebra sua palavra".

FILALETO. Mas isso também não funciona sem uma certa *probitas* [probidade] inata. Não podes absolutamente atribuir à religião aquilo que é consequência da bondade inata do caráter, graças à qual sua compaixão com aquele que seria atingido pelo ato criminoso o impede de perpetrá-lo. Este é o autêntico motivo moral, o qual, enquanto tal, independe de qualquer religião.

DEMÓFILO. Mas mesmo este raramente tem efeito na grande turba sem a vestimenta dos motivos religiosos, por meio dos quais ele é pelo menos fortalecido. No entanto, mesmo sem tal suporte natural os motivos religiosos impedem frequentemente por si sós os crimes; e isso tampouco pode nos espantar tratando-se do povo: pois se até mesmo gente de instrução superior se encontra por vezes sob a influência não de motivos religiosos, em cujo fundo se encontra a verdade, pelo menos de forma alegórica, mas mesmo da mais absurda superstição, deixando-se guiar por ela durante toda a vida, como por exemplo não empreender nada na sexta--feira, não sentar à mesa em treze pessoas, obedecer a *ominibus* [presságios] casuais etc., tanto mais o povo. Apenas não és capaz de imaginar a grande limitação de espíritos rudes: seu interior é deveras obscuro, especialmente quando, como é demasiado frequente, um coração ruim, injusto e maldoso lhe serve de fundamento. Pessoas assim, que perfazem a massa de nossa espécie, precisam, antes de mais nada, ser guiadas e domadas como for possível, mesmo que seja por meio de motivos realmente supersticiosos, até que se tornem receptivas a outros mais corretos e melhores. Um testemunho da eficácia direta da religião, porém, é por exemplo que, com bastante frequência, especialmente na Itália, um ladrão devolve o que roubou por meio de seu confessor; e isso porque este o deu como condição de sua absolvição. Ou então pensemos no juramento, no qual a religião revela a mais decidida influência; seja porque com isso a pessoa se vê colocada explicitamente na posição de um *ente puramente moral* e interpelada como tal com solenidade – assim parece ser na França, onde a fórmula de juramento é simplesmente *je le jure* [eu juro], e o mesmo se dá com os quacres, cujo solene "sim" ou "não" tem a validade de um juramento –; ou seja também porque essa pessoa realmente acredita no empenho de sua bem-aventurança eterna, que ela com isso anuncia – crença esta que então também haverá de ser apenas o revestimento do sentimento primeiramente descrito. Seja como for, as representações religiosas são o meio para despertar e conjurar sua natureza moral. Quão frequentemente não ocorre que alguém aceite em um primeiro momento fazer falsos juramentos que lhe são impostos, mas que, chegando às vias de fato, se recuse repentinamente a fazê-lo; com o que então verdade e justiça obtêm a vitória.

Filaleto. E com maior frequência ainda falsos juramentos foram realmente jurados, por meio dos quais a verdade e a justiça foram pisoteadas com nítida cumplicidade de todas as testemunhas do ato. O juramento é a técnica mnemônica metafísica dos juristas: eles deveriam fazer o menor uso possível dela. Quando, porém, ele se mostra inevitável, então deveria ocorrer com a máxima solenidade, jamais sem a presença do clérigo, até mesmo na igreja ou em uma capela anexa ao tribunal. Em casos altamente suspeitos é conveniente permitir até mesmo a presença de crianças durante o ato. Justamente por isso, a fórmula abstrata de juramento francesa não serve para nada: a abstração do que está positivamente dado deveria ser deixada a cargo do pensamento de cada um, de acordo com seu grau de instrução. – Entretanto, tens razão em aduzir o juramento como exemplo inegável da eficácia prática da religião. Porém, apesar de tudo que disseste, preciso duvidar que esta também alcance muito além disso. Imagina por um instante que todas as leis penais fossem agora subitamente suspensas por meio de uma proclamação pública; creio que nem tu, nem eu teríamos a coragem sequer de caminhar sozinhos daqui até nossas casas sob proteção dos motivos religiosos. Em contrapartida, se do mesmo modo todas as religiões fossem declaradas falsas, seguiríamos vivendo como antes, unicamente sob proteção das leis, sem qualquer aumento extraordinário de nossas preocupações e medidas de precaução. – E digo mais: as religiões têm com grande frequência uma influência desmoralizante decisiva. De modo geral, seria possível afirmar que o que é somado às obrigações para com Deus é subtraído das obrigações para com os homens, uma vez que é muito confortável compensar a falta de boa conduta para com estes adulando aquele. Por isso vemos que, em todas as épocas e nações, a grande maioria das pessoas ache muito mais fácil mendigar pelo céu com orações do que merecê-lo com ações. Todas as religiões logo chegam a um ponto em que se passa a considerar como objetos privilegiados da vontade divina não tanto ações morais, mas fé, cerimônias sacras e latrias de variadas espécies; sim, estas últimas atividades vão aos poucos sendo consideradas substitutas das primeiras, especialmente quando se encontram ligadas a emolumentos dos sacerdotes; sacrificar animais nos templos, ou rezar a missa, ou edificar capelas ou cruzes pelas estradas tornam-se logo as obras mais meritórias, de modo que até mesmo crimes sórdidos são por meio delas expiados, assim como através de penitência, submissão à autoridade clerical, confissão, peregrinações, doações aos templos e a seus sacerdotes, construção de monastérios etc., com o que os sacerdotes acabam parecendo reles mediadores de negociações com deuses corruptos. E mesmo que não chegue a tanto: onde estará a religião cujos fiéis não considerem orações, hinos e tantos outros exercícios de devoção um substituto pelo menos parcial da conduta moral? Observa por exemplo a Inglaterra, onde o atrevido engodo dos curas identifica mentirosamente, até mesmo com o nome, o domingo cristão com o sabá judaico (justamente em oposição ao qual aquele foi instituído por Constantino, o Grande), para transferir os estatutos que Jeová impôs para o sabá – quer dizer, para o dia em que o Todo-Poderoso, cansado de seis dias de trabalho, precisou repousar (razão pela qual ele é *essencialmente o último dia* da semana) – ao domingo dos cristãos, o *diem solis* [dia do sol], este primeiro dia que abre a semana pleno de glória, este dia de devoção e alegria. Por consequência dessa apropriação indevida, o *sabbathbreaking* [rompimento do sabá] ou *the desecration of the Sabbath* [a profanação do sabá], quer dizer, toda e qualquer ocupação útil ou agradável no domingo, mesmo a mais leve, qualquer jogo, música, tricô, qualquer livro mundano, conta como um pecado grave. Não é necessário que então o homem comum termine por crer que, se ele apenas mantiver a todo tempo, conforme lhe dizem seus guias espirituais, *a strict observance of the holy sabbath, and a regular attendance on divine service* [uma rigorosa observação do sabá sagrado e um comparecimento regular à missa], quer dizer, se ele apenas vadiar de modo impassível, radical, no domingo, e não falhar em sentar duas horas na igreja para ouvir a mesma liturgia pela milésima vez e repetir as ladainhas *a tempo* [em sincronia], ele poderá em compensação contar com indulgência em relação a uma ou outra coisa que ele vier a se permitir ocasionalmente? Aqueles diabos em forma humana, os senhores e traficantes de escravos nas repúblicas da América do Norte (que deveriam se chamar Estados da escravidão[17]) são via de regra anglicanos pios e ortodoxos, que considerariam um grave pecado trabalhar no domingo e que, confiantes nisso e em sua pontual visita à igreja etc., esperam por sua eterna bem-aventurança. – A influência desmoralizante das religiões é, portanto, menos dúbia que a moralizante. Quão grande e certeira, porém, não deveria ser esta para oferecer uma compensação das atrocidades provocadas pelas religiões, especialmente a cristã e a maometana, e pela miséria com que cobriram o mundo! Pensa no fanatismo, nas infinitas perseguições, acima de tudo nas guerras religiosas, essa sangrenta loucura da qual os antigos não tinham qualquer ideia; pensa então também nas cruzadas, que foram um massacre totalmente irresponsável de duzentos anos de duração, sob o grito de guerra "Assim quer Deus", para conquistar a sepultura daquele que pregou amor e tolerância; pensa na cruel expulsão e na aniquilação dos mouros e dos judeus na Espanha; pensa nas noites de São Bartolomeu, nas inquisições e outros tribunais de

---

17. O termo alemão cunhado no século XIX para referir-se às novas repúblicas, desprovidas de monarcas, era *Freistaat*, literalmente "Estado livre", ao qual Schopenhauer opõe *Sklavereistaat*, "Estado da escravidão". (N.T.)

hereges, e não menos nas grandiosas e sangrentas conquistas dos maometanos em três continentes; então também nos cristãos na América, cujos habitantes eles exterminaram em grande parte – em Cuba até inteiramente –, tendo assassinado, segundo Las Casas, doze milhões de pessoas em quarenta anos, e isso tudo, é claro, *in majorem Dei gloriam* [para a maior glória de Deus] e com o propósito de difundir o Evangelho, e além disso porque quem não fosse cristão tampouco era considerado humano. É verdade que já toquei nesses assuntos há pouco; mas, se ainda em nossos dias são impressas as *Neueste Nachrichten aus dem Reiche Gottes*[18], tampouco devemos nos cansar de relembrar as notícias mais antigas. Não esqueçamos a Índia, em particular, este solo sagrado, este berço do gênero humano, ao menos da raça à qual pertencemos, onde primeiro maometanos e depois cristãos agrediram da maneira mais horrível os devotos da sagrada crença primordial da humanidade, e onde a eternamente lamentável, deliberada e cruel destruição e desfiguração dos templos e ídolos mais vetustos ainda hoje nos apresenta os traços do furor monoteísta dos maometanos tal como foi praticado desde Mahmud de Gázni – que sua lembrança seja maldita – até Aurangzeb, o fratricida, os quais os cristãos portugueses depois se esforçaram por imitar fielmente, tanto por meio da destruição de templos como de autos da fé da inquisição em Goa. Tampouco esqueçamos o povo escolhido de Deus, o qual, após ter, seguindo um

---

18. "Últimas notícias do Reino de Deus". Revista que, no século XIX, relatava os trabalhos das missões. (N.T.)

comando especial de Jeová, roubado no Egito os vasos dourados e prateados emprestados de seus velhos e confiados amigos, iniciou em seguida, guiado pelo assassino Moisés, seu assalto homicida da Terra Prometida[19], para, sob o comando explícito do mesmo Jeová, de jamais ter compaixão, arrancá-la, como "terra da promessa", de seus legítimos donos por meio do assassinato e da aniquilação completamente implacáveis de toda a

---

19. Tácito (*Historiae*, livro V, cap. 2) e Justino (livro XXXVI, cap. 2) relegaram-nos o fundamento histórico do Êxodo, o qual é tão instrutivo quanto agradável de se ler, e de onde podemos apreender em que consiste o fundamento histórico dos demais livros do Antigo Testamento. Lá (na passagem citada) vemos que o faraó não mais queria tolerar no puro Egito o grosseiro povo judeu, afligido por doenças imundas que ameaçavam o contágio (*scabies* [sarna]), e que ali chegara sorrateiramente, de modo que fez com que fossem postos em navios e abandonados na costa da Arábia. É correto que uma tropa egípcia foi enviada atrás deles, mas não para trazer de volta essa gente preciosa, que estava justamente sendo exportada, mas para tomar deles o que tinham *roubado*, pois tinham *roubado* vasos dourados dos templos: e quem haveria de emprestar qualquer coisa a uma tal corja! – Também é verdade que a mencionada tropa foi aniquilada por um fenômeno natural. – Na costa da Arábia havia grande privação – principalmente de água. Então apareceu um camarada ousado e prontificou-se a fazer de tudo, contanto que se quisesse segui-lo e obedecê-lo. Ele avistara jumentos selvagens etc. – Considero isto o fundamento histórico, pois é evidentemente a prosa sobre a qual a poesia do Êxodo foi construída. Mesmo que Justino (isto é, Pompeu Trogo) incorra uma vez em um violento anacronismo (quer dizer, segundo *nossas* suposições, as quais se baseiam no Êxodo), isso não me confunde: pois cem anacronismos ainda não me são tão suspeitos quanto um único milagre. – Também depreendemos dos dois clássicos romanos citados o quanto os judeus foram abominados e desprezados em todos os tempos e entre todos os povos; isso pode dever-se em parte ao fato de que foram o único povo da Terra que não atribuiu ao homem nenhuma existência para além desta vida, de modo que eram considerados como gado, como a excreção da humanidade – mas grandes mestres da mentira. –

população, até mesmo mulheres e crianças (Josué, caps. 10 e 11) – simplesmente porque seus membros não eram circuncidados e não conheciam Jeová, o que era razão suficiente para justificar todas as atrocidades contra eles; assim como, pela mesma razão, também anteriormente a infame patifaria do patriarca Jacó e de seus escolhidos contra Hemor, o rei de Salém, e seu povo (Moisés 1, 34) é-nos contada como algo gloriosíssimo, porque, afinal, essa gente era descrente.[20] Deveras, o pior aspecto das religiões é que os fiéis de cada uma consideram que tudo é permitido contra os de todas as demais, procedendo, por isso, com a mais extrema impiedade e crueldade para com

---

20. Quem, sem entender hebraico, quiser saber o que é o Antigo Testamento, precisa lê-lo na *Septuaginta* [tradução grega], uma vez que esta é a mais correta, genuína e simultaneamente a mais bela de todas as traduções: nela, o livro tem um tom e uma coloração totalmente diferentes. O estilo da LXX [*Septuaginta*] é na maior parte ao mesmo tempo nobre e ingênuo, e também não tem nada de eclesiástico, nem apresenta qualquer noção do cristianismo: comparada a ela, a tradução luterana parece simultaneamente vulgar e pia, e é também frequentemente incorreta, por vezes até de propósito, e redigida inteira em um tom eclesiástico e edificante. Nas passagens acima citadas Lutero permitiu-se atenuações que poderiam ser chamadas de falsificações: onde ele escreve "banem", lemos εφονευσαν [matam] etc.

Aliás, a impressão que o estudo da LXX deixou em mim é um amor afetuoso e uma íntima veneração pelo μελας βασιλευς Ναβουχωδονοσορ [grande rei Nabucodonosor], embora tenha procedido de maneira um tanto suave demais com um povo que ostenta um deus que o presenteou com as terras de seus vizinhos ou a ele as prometeu, das quais esse povo então se apossou por meio de saques e assassinatos para então construir nelas um templo para esse deus. Que cada povo que ostente um deus que torna as terras vizinhas "Terras Prometidas" encontre a tempo seu Nabucodonosor, assim como seu Antíoco Epifânio, e que não se perca mais tempo com ele!

eles: assim agem os maometanos contra os cristãos e hindus; os cristãos contra hindus, maometanos, povos americanos, negros, judeus, hereges etc. Porém talvez eu esteja indo longe demais ao dizer *todas* as religiões: pois, a bem da verdade, devo acrescentar que as atrocidades fanáticas oriundas desse princípio só nos são conhecidas, de fato, nos adeptos das religiões monoteístas, isto é, unicamente nos do judaísmo e de suas duas ramificações, o cristianismo e o islã. Nada do gênero nos é relatado sobre hinduístas e budistas. Pois, muito embora saibamos que o budismo, por volta do século V de nossa era, foi banido pelos brâmanes de seu lar originário, a península mais saliente da Índia, após o que se alastrou por toda a Ásia, não temos, no entanto, que eu saiba, nenhum relato específico de violências, guerras e crueldades por meio das quais isso teria ocorrido. Isso pode sem dúvida ser atribuído à obscuridade que envolve a história dessas terras: porém, o caráter extremamente brando dessas religiões, que insistem incessantemente no cuidado com tudo que é *vivo*, assim como a circunstância de que o bramanismo, por causa do sistema de castas, não permite de fato nenhum prosélito, possibilita que tenhamos esperanças de que seus adeptos tenham se abstido de grandes derramamentos de sangue e de crueldades de toda espécie. Spence Hardy, em seu excelente livro *Eastern Monachism* [Monasticismo oriental], p. 412, louva a extraordinária tolerância dos budistas e garante que os anais do budismo fornecem menos exemplos de perseguição religiosa do que os de qualquer outra religião. De fato, a intolerância só é essencial ao monoteísmo: um deus único é, por natureza, um deus ciumento, que não aceita que nenhum outro viva. Em contrapartida, os deuses politeístas são por natureza tolerantes: eles vivem e deixam viver: primeiramente, eles toleram com gosto seus colegas, os deuses da mesma religião, e depois essa tolerância estende-se também a deuses estrangeiros, os quais, portanto, são acolhidos com hospitalidade e chegam por vezes até mesmo a adquirir cidadania mais tarde – conforme nos mostra sobretudo o exemplo dos romanos, que acolhiam bem-dispostos e honravam deuses frígios, egípcios, entre outros deuses estrangeiros. Portanto, são unicamente as religiões monoteístas que nos fornecem o espetáculo das guerras e perseguições religiosas e dos tribunais de heresias, assim como o da iconoclastia e da obliteração de ídolos estrangeiros, da demolição de templos hindus e de colossos egípcios que se mantiveram eretos sob o sol durante três milênios; e isso porque seu deus zeloso disse: "não deves fazer nenhuma imagem" etc. – Mas, voltando ao assunto: tens certamente razão em insistir na forte necessidade metafísica do homem; mas as religiões parecem-me ser menos sua satisfação do que seu abuso. Vimos que, pelo menos com vistas à promoção da moralidade, sua utilidade é em grande parte problemática, e que suas desvantagens, em contrapartida, especialmente as atrocidades provocadas por consequência delas, são evidentes. A coisa é por certo diferente se considerarmos a utilidade das religiões como suporte dos tronos: pois, na medida em que estes são outorgados pela graça divina, o altar e o trono têm um parentesco próximo um com o outro. Por isso, todo rei sábio que amar seu trono e sua família também encabeçará seu povo como modelo da verdadeira religiosidade; até Maquiavel, no capítulo 18, recomenda ao príncipe a religiosidade como algo indispensável. Ademais, seria possível alegar que as religiões reveladas estariam para a filosofia exatamente como os soberanos por graça divina estão para a soberania do povo – razão pela qual os dois membros anteriores dessa equação se encontrariam em aliança natural.

DEMÓFILO. Oh, não faças uso desse tom! Mas considera que com isso te depararias com o corno da oclocracia e da anarquia, as arqui-inimigas de toda ordem legal, de toda civilização e humanidade.

FILALETO. Tens razão. Foram realmente sofismas, ou o que os esgrimistas chamam de golpe sujo. Retiro, portanto, o que disse. Mas olha como o debate pode às vezes tornar injusto e maldoso até mesmo quem é honesto. Ponhamos, pois, fim à discussão.

DEMÓFILO. De fato, tenho que lamentar que, após todos os esforços empenhados, eu não tenha mudado tua disposição com vistas às religiões: em contrapartida, porém, também eu posso garantir-te que tudo que alegaste não abalou absolutamente a minha convicção de seu alto valor e necessidade.

FILALETO. Ponho fé nisso: pois, como se lê no Hudibras:

A man convinc'd against his will
Is of the same opinion still.[21]

---

21. Quem é forçado à convicção / Não muda de opinião. [Samuel Butler, *Hudibras*, parte III, canto III, 54.]

Porém consolo-me com o pensamento de que, tratando-se de controvérsias e banhos minerais, o verdadeiro efeito é retardado.

Demófilo. Então desejo-te um abençoado efeito retardado.

Filaleto. Poderia talvez ocorrer, se apenas não tivesse novamente um provérbio espanhol entalado na garganta.

Demófilo. E como é?

Filaleto. *Detras de la cruz está el diablo.*

Demófilo. Em alemão, hispânico!

Filaleto. Paciência! – "Atrás da cruz está o diabo."

Demófilo. Vem, não queremos nos despedir com ditos mordazes, mas muito antes compreender que a religião, como Jano[22] – ou melhor, como Yama, o deus da morte bramânico –, tem dois semblantes, dos quais também, como neste, um é muito amistoso e outro sombrio: cada um de nós, porém, focou-se em apenas um deles.

Filaleto. Tens razão, meu velho!

§ 2.

Fé e saber

A filosofia, sendo uma ciência, não trata absolutamente daquilo que deve ou pode ser *acreditado*, mas apenas daquilo que é possível *saber*. Agora, mesmo que o que é possível saber viesse a ser algo completamente diferente do que o que se tem de crer, isso não seria nenhuma desvantagem para a fé: pois ela é fé

---

22. Deus romano do início, do fim e das transições. Ele era representado com dois rostos, um voltado para frente e o outro para trás. É de seu nome que deriva o nome do mês janeiro. (N.T.)

justamente porque ensina o que não é possível saber. Fosse possível sabê-lo, então a fé tornar-se-ia inútil e ridícula; como, por exemplo, se fosse estabelecida uma doutrina de fé para a matemática.

Em contrapartida, seria possível objetar que, sim, deveras, a fé pode ensinar mais, muito mais que a filosofia – mas nada que seja incompatível com os resultados desta: pois o saber é feito de um material mais duro do que a fé, de modo que, quando ambos se chocam, é esta que se parte.

Em todo caso, os dois são coisas fundamentalmente diferentes, que precisam ser distinguidas rigorosamente para o bem de ambos, de modo que cada um deles vá por seu caminho, sem nem sequer notar o outro.

§ 3.

Revelação

As efêmeras gerações humanas surgem e perecem em ligeira sucessão, enquanto os indivíduos caem dançando nos braços da morte em meio a angústias, necessidades e sofrimentos. Entrementes perguntam-se incansavelmente o que é deles e o que significa toda essa farsa tragicômica, e clamam aos céus por uma resposta. Mas os céus permanecem mudos. Porém, vêm ao seu encontro clérigos com revelações.

Dentre as muitas coisas duras e lamentáveis no destino humano, não é uma das menores que existamos sem saber de onde, para onde, para quê: e justamente quem se encontra tomado e penetrado pelo sentimento desse mal dificilmente poderá evitar de sentir um certo amargor contra aqueles que afirmam ter supostas notícias especiais a respeito, as quais querem nos comunicar sob o nome de revelações. – Aos senhores da revelação gostaria de aconselhar a não falar mais tanto da revelação hoje em dia; senão, é bem provável que lhes seja alguma vez revelado o que a revelação realmente é. –

Mas não passa de uma grande criança aquele que é capaz de pensar seriamente que alguma vez entes não humanos teriam dado esclarecimentos à nossa espécie acerca da existência e finalidade sua e do mundo. Não há outra revelação além dos pensamentos dos sábios; mesmo que estes, de acordo com a sina de tudo quanto é humano, se encontrem submetidos ao engano, estando também frequentemente envoltos em alegorias e mitos inusitados, caso em que haverão de se chamar religiões. Dessa perspectiva é, pois, indiferente se alguém vive e morre entregue aos próprios pensamentos, ou aos de outros: pois serão sempre apenas pensamentos e opiniões humanos em que confiará. Contudo, as pessoas têm, via de regra, a fraqueza de preferir confiar em outros, que aleguem contar com fontes sobrenaturais, do que em sua própria cabeça. Mas, considerando-se a enorme desigualdade intelectual que há entre as pessoas, é bem possível que os pensamentos de uma tenham para a outra em certa medida o valor de revelações. –

Em contrapartida, o segredo fundamental e a perfídia original de todos os clérigos do mundo inteiro e de todos os tempos, sejam bramânicos, maometanos, budistas ou cristãos, é o seguinte. Eles reconheceram corretamente e compreenderam bem a grande força e o caráter inextinguível da necessidade metafísica do homem; agora alegam poder satisfazê-la, pois a solução do grande enigma ter-lhes-ia sido entregue diretamente, por uma via extraordinária. Tendo então convencido as pessoas disso, eles podem guiá-las e dominá-las à vontade. Por isso, os mais astutos dentre os regentes entrarão em aliança com eles; os demais serão eles próprios por eles dominados. Se, porém, ocorrer alguma vez a mais rara de todas as exceções, a saber, que um filósofo chegue ao trono, constitui-se com isso a mais inconveniente perturbação de toda a comédia.

§ 4.
Sobre o cristianismo

Para julgá-lo com justiça é preciso considerar também o que existia antes dele e o que foi por ele suprimido. Antes de mais nada o paganismo greco-romano: tomado como metafísica popular, um fenômeno altamente insignificante, sem nenhuma dogmática efetiva, determinada, sem uma ética proferida de maneira decidida, sim, sem qualquer tendência moral verdadeira, nem escrituras sagradas – de modo que mal merece o nome de religião, sendo muito antes apenas um jogo da fantasia e uma fabricação de poetas a partir de contos populares, em sua melhor parte uma personificação evidente das forças da natureza. Mal se pode acreditar que tenha havido algum dia homens que levaram a sério essa religião infantil: não obstante, há muitas passagens dos antigos que dão testemunho disso, especialmente o primeiro livro de Valério Máximo, mas até mesmo certas passagens de Heródoto também, das quais quero apenas mencionar a do capítulo 65 do último livro, onde ele pronuncia sua própria opinião e fala como uma velha. Em tempos mais tardios, com os avanços da filosofia, essa seriedade desapareceu, sem dúvida, razão pela qual se tornou possível ao cristianismo suprimir essa religião estatal, apesar de seus apoios externos. Que, contudo, mesmo nos melhores tempos da Grécia, essa religião não tenha de modo algum sido levada a sério como a cristã na modernidade, ou a budista e a bramânica na Ásia, ou mesmo como a maometana; que, portanto, o politeísmo dos antigos tenha sido algo completamente diferente do mero plural do monoteísmo é testemunhado suficientemente por *Os sapos,* de Aristófanes, em que Dionísio aparece como o mais deplorável e covarde pateta imaginável, sendo entregue à zombaria: e isso numa peça apresentada publicamente em sua própria festa, as Dionisíacas. – A segunda coisa que tinha de ser suprimida pelo cristianismo foi o judaísmo, cujo dogma grosseiro foi sublimado e tacitamente alegorizado pelo dogma cristão. De modo geral, o cristianismo é de natureza totalmente alegórica: pois o que se chama de alegoria em assuntos profanos chama-se mistério nas religiões. É preciso admitir que o cristianismo é muito superior àquelas duas religiões anteriores, não apenas na *moral*, na qual as doutrinas da *caritas* [caridade], da conciliação, do amor aos inimigos, da resignação e da negação da própria vontade são propriedade exclusiva sua – no Ocidente, é claro –, mas também na própria *dogmática*. Pois o que poderia ser dado de melhor à grande turba, incapaz de apreender imediatamente a verdade, senão uma bela alegoria, a qual é plenamente suficiente para servir de fio condutor na vida prática e de lastro para o consolo e a esperança? A adição de uma pequena quantidade de absurdo, porém, é um ingrediente necessário para uma alegoria, uma vez que serve para sugerir sua natureza alegórica. Se a dogmática cristã for entendida *sensu proprio*, então Voltaire terá tido razão. Em contrapartida, tomada alegoricamente ela é um mito sagrado, um veículo por meio do qual são ensinadas ao povo verdades que de outro modo lhe seriam completamente inalcançáveis. Poder-se-ia compará-la aos arabescos de Rafael ou de Runge, os quais representam coisas palpavelmente antinaturais e impossíveis, de dentro das quais fala, não obstante, um sentido profundo. Até mesmo a alegação da Igreja de que nos dogmas da religião a razão seria completamente incompetente, cega e desprezível, quer dizer, no fundo mais íntimo, que esses dogmas são de natureza alegórica e portanto não devem ser julgados segundo a única medida que a razão, que toma tudo *sensu proprio*, é capaz de aplicar. Os absurdos contidos no dogma são justamente o selo e o emblema do alegórico e do mítico – embora, no presente caso, provenham do fato de ter sido preciso que duas doutrinas tão heterogêneas como a do Antigo e a do Novo Testamento fossem interligadas. Essa grande alegoria constituiu-se apenas paulatinamente, por ocasião de situações externas e casuais, por meio de sua interpretação, sob a influência tácita de uma verdade profunda, não trazida a uma consciência nítida, até ter sido aperfeiçoada por Agostinho, que penetrou mais profundamente seu sentido e depois foi capaz de apreendê-la como um todo sistemático e de completar o que faltava. Portanto, apenas a doutrina agostiniana, também fortalecida por Lutero, é o pleno cristianismo, e não, como creem os protestantes de hoje em dia, tomando a "revelação" *sensu proprio* e por isso limitando-a a um único indivíduo, o cristianismo primitivo – assim como não é o germe, mas o fruto que é comestível. – Contudo, o ponto fraco de todas as religiões será sempre que elas não podem ser confessadamente alegóricas, mas apenas de maneira oculta, e que, por isso, têm de apresentar suas doutrinas, com toda seriedade, como verdadeiras *sensu proprio*; o que produz um contínuo engodo, dados os absurdos contidos nas mesmas por uma necessidade essencial, sendo um grande inconveniente. Sim, e o que é pior, com o tempo vem à tona que elas não são verdadeiras *sensu proprio* – e então sucumbem. Desta perspectiva seria melhor admitir logo a natureza alegórica. Mas como ensinar ao povo que algo poderia ser simultaneamente verdadeiro e não verdadeiro? Como, porém, vemos que todas as religiões têm essa constituição, em maior ou menor grau, devemos reconhecer que o absurdo é, em certo grau, adequado ao gênero humano, sim, um elemento vital, e que a ilusão lhe é imprescindível – o que é confirmado também por outros fenômenos.

Um exemplo e evidência da supramencionada fonte do absurdo, oriunda da conexão entre o Antigo e o Novo Testamento, é fornecido, entre outros, pela doutrina cristã da predestinação e da graça, elaborada por Agostinho, essa estrela-guia de Lutero, segundo a qual uma pessoa tem sobre a outra a vantagem da graça, que, portanto, se reduz a um privilégio obtido com o nascimento e trazido pronto ao mundo, e ainda por cima no que diz respeito à questão mais importante de todas. O escândalo e o absurdo disso, porém, provêm apenas do pressuposto, presente no Antigo Testamento, de que o homem seria obra de uma vontade estranha a ele e que teria sido produzido por ela a partir do nada. Em contrapartida – considerando-se que as autênticas vantagens morais são realmente inatas –, a coisa já adquire um significado completamente diferente, e mais racional, sob o pressuposto bramânico e budista da metempsicose, segundo a qual as vantagens em relação aos demais que alguém traz consigo desde o nascimento, portanto de um outro mundo e de uma vida anterior, não são uma dádiva de uma graça estranha, mas os frutos de seus próprios atos, que ele mesmo cometeu naquele outro mundo. – Àquele dogma de Agostinho, porém, está ligado ainda o seguinte, segundo o qual, da massa corrupta da humanidade, que portanto se encontra sujeita à danação eterna, apenas um número mínimo é de justos, os quais são por isso bem-aventurados, e isso por consequência da eleição pela graça e predestinação, enquanto os demais são atingidos pela perdição merecida, isto é, pelos eternos tormentos infernais.[23] – Tomado *sensu proprio*, o dogma torna-se revoltante nesse ponto. Pois ele não apenas deixa que os deslizes, ou até mesmo a mera descrença, de uma vida que muitas vezes não chega nem mesmo aos vinte anos sejam expiados com torturas eternas, mas ainda por cima considera que essa condenação quase universal é na verdade efeito do pecado original, e portanto uma consequência necessária da primeira queda do homem. Esta, porém, deveria em todo caso ter sido prevista por aquele que, primeiramente, não criou os homens melhores do que são e então ainda lhes preparou uma armadilha, na

---

23. Cf. "*Augustinismus und Pelagianismus*" de *Wigger*, p. 335.

qual ele devia saber que cairiam, já que tudo, em seu conjunto, era obra sua e nada lhe permanecia oculto. Portanto, ele teria trazido à existência, do nada, uma criatura fraca, sujeita ao pecado, para em seguida entregá-la à tortura sem fim. Finalmente soma-se ainda a isso que o deus que prescreve indulgência e perdão de toda e qualquer culpa e até mesmo o amor aos inimigos não os pratica, mas incorre justamente no contrário – uma vez que um castigo que ocorre no final das coisas, quando tudo tiver passado e terminado para sempre, não pode ter como finalidade nem o melhoramento, nem a intimidação, sendo, portanto, pura vingança. Deste ponto de vista, a espécie inteira chega até mesmo a parecer determinada e expressamente criada para a tortura e para a danação eternas – a não ser aquelas poucas exceções, as quais, não se sabe por que, são salvas por meio da eleição pela graça. Mas, descontando-se estes, fica parecendo que o bom Deus teria criado o mundo para que o diabo levasse todos consigo; caso em que teria agido muito melhor se tivesse deixado de fazê-lo. – É isso que se passa com os dogmas quando se os toma *sensu proprio*; em contrapartida, entendido *sensu allegorico*, tudo isso ainda pode ser interpretado de maneira satisfatória. Antes de mais nada, porém, como já dito, o elemento absurdo, sim, revoltante dessa doutrina é mera consequência do teísmo judaico, com sua criação do nada e com a renegação realmente paradoxal e indecente da metempsicose a ela ligada, dado que esta última é natural, em certa medida até mesmo autoevidente, de modo que, com exceção dos judeus, foi adotada por quase toda a espécie humana, em todos os tempos. Justamente para afastar o inconveniente surgido disso e para atenuar o elemento revoltante desse dogma, o papa Gregório I, no século VI, muito sabiamente desenvolveu e incorporou formalmente à crença católica a doutrina do purgatório, a qual já se encontra essencialmente em Orígenes (cf. Bayle no artigo *Origene*, nota B), com o que o problema é bastante atenuado, e a metempsicose, substituída, em certa medida – uma vez que ambas as doutrinas fornecem um processo de purgação. Também a doutrina do retorno de todas as coisas (αποκαταστασις παντων), segundo a qual, no último ato da comédia mundana, até mesmo os pecadores, em conjunto, são restituídos *in integrum* [na íntegra], foi estabelecida com a mesma intenção. Apenas os protestantes, em sua rígida fé bíblica, não deixaram que se lhes tomasse os eternos castigos infernais. Que façam bom proveito! – é o que diríamos, fôssemos maldosos; porém o consolo aqui é que tampouco eles creem nisso, mas deixam a questão de lado por ora, pensando, no íntimo: ora, não é possível que seja tão ruim.

Agostinho, devido à sua mente rígida e sistemática, por meio de sua rigorosa dogmatização do cristianismo, de sua firme determinação das doutrinas apenas insinuadas na Bíblia, as quais ainda flutuavam sobre um fundo obscuro, conferiu contornos tão duros a essas doutrinas e concebeu para o próprio cristianismo uma aplicação tão acerba, que hoje em dia esta nos parece indecente, de modo que, como em seu próprio tempo o pelagianismo, também no nosso o racionalismo se opôs a ela. Por exemplo, em *A cidade de Deus*, livro 12, cap. 21, a coisa, tomada *in abstracto*, acaba ficando da seguinte maneira: um deus *cria um ente do nada*, dá a ele proibições e ordens, e, porque estas não são seguidas, martiriza-o agora por toda a infinita eternidade com todas as torturas imagináveis, para cuja finalidade ele então une corpo e alma de maneira indissociável (*A cidade de Deus*, livro 13, cap. 2; caps. 11 *in fine* [no final] e 24 *in fine*), para que a tortura jamais possa aniquilar esse ente por meio da desagregação, de modo que então pudesse escapar, de modo que este viva eternamente o eterno tormento – esse pobre sujeito feito do nada, o qual tem pelo menos direito ao seu *nada* originário, uma última *retraite* [refúgio] que deveria, por direito, permanecer assegurada a ele como sua propriedade herdada e que de modo algum seria tão ruim. Eu, pelo menos, não posso evitar simpatizar com ele. – Se, porém, agora tomarmos ainda as demais doutrinas de Agostinho, a saber, que tudo isso não depende, em verdade, de seu modo de agir, mas foi estabelecido de antemão por meio da eleição pela graça – aí já nem há mais o que dizer. Nossos doutíssimos racionalistas diriam, então, com toda certeza: "Mas tudo isso tampouco é verdade, trata-se de um mero espantalho; pelo contrário, elevar--nos-emos passo a passo, em constante progresso, em direção à perfeição cada vez maior". – Só é uma pena que não tenhamos começado antes: pois então já a teríamos alcançado. Nosso embaraço diante de comentários desse gênero, porém, aumenta ainda mais quando ouvimos, volta e meia, a voz de um herege terrível, que chegou mesmo a ser queimado, Giulio Cesare Vanini: *si nollet Deus pessimas ac nefarias in orbe vigere actiones, procul dubio uno nutu extra mundi limites omnia flagitia exterminaret profligaretque: quis enim nostrum divinae potest resistere voluntati? quomodo invito Deo patrantur scelera, si in actu quoque peccandi scelestis vires subministrat? Ad haec, si contra Dei voluntatem homo labitur, Deus erit inferior homine, qui ei adversatur, et praevalet. Hinc deducunt, Deus ita desiderat hunc mundum qualis est, si meliorem vellet, meliorem haberet* [se Deus não quisesse que as piores e mais nefandas ações vigessem na terra, então ele sem dúvida afugentaria e baniria todos os delitos para fora dos limites do mundo com um piscar de olhos: pois qual de nós pode resistir à vontade divina? Como é possível supor que os crimes seriam perpetrados contra a vontade de Deus, se é ele que confere forças aos criminosos no ato pecaminoso? Se, porém, o homem se transvia contra a vontade de Deus, Deus é inferior ao homem que se lhe opõe e prevalece. Disso conclui-se que Deus quer o mundo tal como é, pois se quisesse um mundo melhor, também haveria de tê-lo]. (*Amphitheatrum*, exercício 16, p. 104.) Pois ele dissera, antes disso, à p. 103: *si Deus vult peccata, igitur facit: si non vult, tamen committuntur; erit ergo dicendus improvidus, vel impotens, vel crudelis, cum voti sui compos fieri aut nesciat, aut nequeat, aut neglegat* [se Deus quer os pecados, então é ele que os comete; se ele não os quer, eles ocorrem mesmo assim. Logo, é preciso dizer dele que é ou imprevidente, ou impotente, ou cruel, uma vez que ou não conhece a realização de seus votos, ou não é capaz dela, ou a negligencia]. Ao mesmo tempo torna-se claro aqui por que o dogma da vontade livre é preservado *mordicus* [tenazmente] até os dias de hoje; embora todos os pensadores sérios e honestos, de Hobbes a mim, o tenham rejeitado como absurdo – conforme se vê em meu escrito premiado *Sobre a liberdade da vontade*. – Com efeito, era mais fácil queimar Vanini do que refutá-lo; por isso, tendo antes cortado fora sua língua, se deu preferência à primeira opção. A última ainda se encontra aberta para todos: que se tente fazê-lo – apenas não com palavreado oco, mas de maneira séria, com pensamentos. –

A concepção agostiniana, em si honesta, do número desmedido de pecadores e do número extremamente pequeno dos que merecem a eterna bem-aventurança encontra-se também no bramanismo e no budismo, mas, por consequência da metempsicose, não causa escândalo; uma vez que também o primeiro concede a redenção final (*final emancipation*) e o último o nirvana (ambos equivalentes de nossa bem-aventurança eterna) a pouquíssimos, os quais, entretanto, não são com isso privilegiados, mas já vieram ao mundo com méritos acumulados em vidas passadas e agora seguem adiante pelo mesmo caminho. Todos os demais, porém, não são enquanto isso lançados no atoleiro infernal de chamas eternas, mas apenas transferidos àqueles mundos adequados à sua conduta. Portanto, quem perguntasse aos mestres dessas religiões onde estariam e o que seriam agora todos os restantes, que não chegaram à redenção, receberia o seguinte como resposta: "Olha à tua volta, estão aqui, são estes: é este o pátio em que se demoram, é isto o *samsara*, quer dizer, o mundo do desejo, do nascimento, da dor, do envelhecimento, da doença e da morte". – Se, em contrapartida, entendermos o dogma agostiniano do número tão pequeno de escolhidos e do tão grande dos eternamente condenados de que ora falamos meramente *sensu allegorico*, para interpretá-lo de acordo com nossa filosofia, então ele concorda com a verdade de que realmente apenas poucos chegam à negação da vontade e, por meio disso, à redenção deste mundo (como ao nirvana para os budistas). Por outro lado, aquilo que esse dogma hipostasia como a danação eterna é justamente apenas este nosso mundo: é *a ele* que aqueles outros restantes são entregues. Ele é ruim o bastante: ele é purgatório, ele é inferno e tampouco faltam diabos nele. Considere-se apenas o que homens infligem uns aos outros de tempos em tempos, com que elaborados martírios um tortura o outro lentamente até a morte, e pergunte-se se diabos poderiam fazer pior que isso. Igualmente, a estada nele também é infinita para todos aqueles que, não se convertendo, se atêm à afirmação da vontade de vida.

Mas, deveras, se um asiático me perguntasse o que é a Europa, eu teria de responder-lhe: é a parte do mundo que se encontra completamente possuída pelo delírio inaudito e inacreditável de que o nascimento do homem é seu começo absoluto e que ele teria surgido do nada. –

No fundo, desconsiderando-se as mitologias de ambos os lados, o *samsara e o nirvana* de Buda são idênticos às duas *civitates* [cidades] em que o mundo se cinde, para Agostinho, a *civitas terrena* [a cidade terrena] e a *coelestis* [celeste], tal como ele as apresenta nos livros de *A cidade de Deus*, especialmente no livro 14, no quarto capítulo e no último; no livro 15, caps. 1 e 21; no livro 18, ao fim; e no livro 21, cap. 1. –

No cristianismo, o *diabo* é uma figura altamente necessária para servir de contrapeso à infinita bondade, onisciência e onipotência de Deus, uma vez que partindo desta é impossível depreender de onde deveriam vir os males predominantes, inúmeros e ilimitados do mundo, caso não houvesse o diabo para deles se incumbir. É por isso que, desde que os racionalistas o aboliram, a desvantagem oposta que disso cresceu se faz cada vez mais sensível; o que era previsível, tendo sido realmente previsto pelos ortodoxos. Pois não se pode tomar uma pilastra de um edifício sem comprometer o restante dele. – Isso confirma também o que foi constatado por outras vias, a saber, que Jeová é uma transmutação de Ormuzd e Satã de Ahriman, dele inseparável; o próprio Ormuzd, porém, é uma transmutação de Indra. –

O cristianismo tem a peculiar desvantagem de não ser, como as demais religiões, uma pura *doutrina*; ele é, pelo contrário, essencial e principalmente uma *história*, uma sequência de eventos, um complexo de fatos, de atos e padecimentos de entes individuais: e justamente essa história constitui o dogma, cuja crença traz a bem-aventurança. Outras religiões, especificamente o budismo, têm, decerto, um suplemento histórico na vida de seus fundadores; esta, porém, não faz parte do próprio dogma, mas existe ao lado dele. Por exemplo, é sem dúvida possível comparar a *Lalitavistara* com o Evangelho, na medida em que contém a vida de Shakyamuni, o buda do período atual do mundo: mas esta permanece sendo um assunto completamente separado e distinto do dogma, portanto do próprio budismo, já porque as histórias de vida dos budas anteriores também foram completamente diferentes, e as dos budas futuros também haverão de sê-lo. O dogma não se encontra aqui de modo algum fundido com a história de vida do fundador e não se apoia sobre pessoas e fatos individuais; pelo contrário, ele é universal, válido na mesma medida para todos os tempos. É, pois, por isso que a Lalitavistara não é nenhum Evangelho no sentido cristão da palavra, nenhuma boa nova de um fato redentor, mas a história de vida daquele que deu as instruções de como cada um pode redimir a si próprio. – Ademais, é devido a essa natureza histórica do cristianismo que os chineses zombam dos missionários, chamando-os de contadores de histórias. –

Uma outra falha fundamental do cristianismo que deve ser mencionada nesta ocasião, a qual manifesta diariamente suas consequências nefastas e não pode ser afastada com explicações, é que, de modo antinatural, arrancou o ser humano do *mundo animal*, ao qual, no entanto, pertence essencialmente, dando valor somente a ele e considerando os animais praticamente como *coisas* – enquanto o bramanismo e o budismo, fiéis à verdade, reconhecem decididamente o evidente parentesco do homem com a natureza inteira de modo geral, mas antes e acima de tudo com a natureza animal, representando-o constantemente em uma estreita conexão com o mundo animal por meio da metempsicose, entre outras maneiras. O papel significativo desempenhado a toda hora pelos *animais* no bramanismo e no budismo, comparado à sua total *nulidade* na religião *judaico-cristã*, condena esta última com vistas à perfeição de sua doutrina; por mais que se esteja acostumado com um tal absurdo na Europa. Para embelezar essa falha fundamental, mas na realidade aumentando-a, encontramos a artimanha, tão deplorável quanto descarada, já criticada em minha Ética, p. 244[24], de designar com palavras completamente diferentes do que no homem todas as atividades e condições naturais que os animais têm

---

24. Schopenhauer refere-se ao item 7 do § 19 de *Über das Fundament der Moral [Sobre o fundamento da moral]*. (N.T.)

em comum conosco, tais como: comer, beber, gravidez, nascimento, morte, cadáver, entre outras, as quais são as primeiras a testemunhar a identidade de nossa natureza com a deles. Trata-se de um truque realmente infame. Agora, a mencionada falha fundamental é, ela mesma, consequência da criação a partir do nada, segundo a qual o Criador, nos caps. 1 e 9 do Gênesis, entrega ao homem todos os animais, como se fossem coisas e sem quaisquer recomendações de bons tratos, as quais até um vendedor de cães menciona ao se separar de seu pupilo, para que ele os *governe*, isto é, faça com eles o que quiser; após o que, no segundo capítulo, ainda o torna o primeiro professor de zoologia, ao encarregá-lo de lhes dar os nomes que haverão de ter dali em diante; o que, mais uma vez, nada mais é que um símbolo da completa dependência dos animais em relação a ele, quer dizer, de que lhes falta qualquer direito. – Santo Ganges! Mãe de nossa espécie! Histórias como essa têm sobre mim um efeito semelhante ao do *bitumen iudaicum* [betume] e do *foetor judaicus* [fedor judaico]! A culpa é da perspectiva judaica, que considera o animal um produto para o uso humano. Mas, infelizmente, as consequências disso são sensíveis até os dias de hoje, pois passaram para o cristianismo; e justamente por isso, inclusive, deveríamos parar logo de uma vez de louvá-lo, dizendo que sua moral é a mais perfeita de todas. Pois na verdade ela tem uma imperfeição grande e essencial no fato de limitar suas prescrições ao ser humano, deixando o mundo animal inteiro desprovido de direitos. É por isso que, agora, para a proteção deste último contra a turba rude e insensível, frequentemente mais que bestial, a polícia precisa desempenhar o papel que caberia à religião, e, como isso não é suficiente, se constituem hoje em dia por toda parte na América e na Europa sociedades de proteção aos animais, o que, no entanto, seria a coisa mais supérflua do mundo em toda a Ásia *incircuncisa*, dado que lá a religião protege suficientemente os animais, chegando até mesmo a torná-los objeto de uma benevolência positiva, cujos frutos vemos por exemplo no grande hospital de animais de Surate, ao qual também cristãos, maometanos e judeus podem trazer seus animais doentes, embora, muito corretamente, não os recebam de volta após uma cura bem-sucedida; ou também quando, diante de cada golpe de sorte pessoal, de cada resultado favorável, o bramanista ou budista não brada um *te Deum* ou algo do gênero, mas vai até o mercado e compra aves para abrir suas gaiolas diante do portão da cidade – o que se tem frequente oportunidade de observar já em Astracã, onde fiéis de todas as religiões se encontram; e em outra centena de coisas parecidas. Veja-se, em contraste, a escandalosa infâmia com que nossa plebe cristã trata os animais, matando-os, mutilando-os, torturando-os entre risadas, sem qualquer finalidade; e até mesmo aqueles dentre eles que a sustentam diretamente, seus cavalos, ela os exaure ao extremo na velhice, para extrair no trabalho até a última medula de seus pobres ossos, até que sucumbam sob o açoite. Deveras, dá vontade de dizer: as pessoas são os diabos da Terra, e os animais as almas penadas. São essas as consequências daquela cena inaugural no jardim do paraíso. Pois só é possível mobilizar a plebe ou com violência, ou com religião: mas aqui o cristianismo nos deixa na mão de modo aviltante. Ouvi de uma fonte confiável que um pregador protestante, solicitado por uma sociedade de proteção aos animais a fazer um sermão contra os maus-tratos destes, teria respondido que, por mais que quisesse, não podia fazê-lo, pois a religião não lhe dava nenhuma base para tanto. O homem foi sincero e tinha razão. Um comunicado da tão louvável sociedade de proteção aos animais de Munique datado de 27 de novembro de 1852 esforça-se, com a melhor das intenções, por apontar na Bíblia "os mandamentos que pregam a proteção do mundo animal", e indica: Provérbios de Salomão 12, 10; Eclesiástico 7, 24; Salmos 147, 9; 104, 14; Jó 39, 41; Mateus 10, 29. Mas acontece que se trata de uma mera *pia fraus* [pia mentira], que conta com o fato de que não se vá averiguar as passagens: apenas a primeira passagem, muito conhecida, diz algo pertinente ao assunto, embora também seja fraco; as demais falam certamente de animais, mas não de sua proteção. E o que diz aquela primeira passagem? "O justo tem misericórdia para com seu animal." – "Misericórdia!" – Que expressão! Tem-se misericórdia para com um pecador ou um malfeitor, mas não para com um animal inocente e leal, o qual frequentemente é quem alimenta seu senhor sem nada receber por isso além de escassa ração. "Misericórdia!" Não é misericórdia, mas sim justiça que se deve ao animal – e continua-se a devê-la na maioria dos casos na Europa, esta parte do mundo tão impregnada pelo *foetor judaicus* que nela a evidente e simples verdade: "o animal é essencialmente o mesmo que o homem" é um paradoxo revoltante.[25] – A proteção dos animais fica, pois, a cargo das sociedades que a promovem e da polícia, as quais, porém, pouco podem contra aquela infâmia universal da plebe neste ponto, em que se trata de entes que não são capazes de se queixar e em que de cem crueldades mal se vê uma, especialmente também porque as penas são demasiado brandas. Na Inglaterra sugeriu-se há pouco o castigo corporal, o qual também a mim parece totalmente adequado. No entanto, o que se deve esperar da plebe, se há gente douta, até mesmo zoólogos, que, em vez de reconhecer a identidade essencial entre o homem e o animal, que conhecem tão intimamente, são, muito antes, suficientemente fanáticos e tacanhos para polemizar como zelotes contra colegas honestos e razoáveis que incluem o ser humano na classe animal a que pertence ou que comprovam sua grande semelhança com o chimpanzé e o orangotango. Mas realmente revoltante é a seguinte analogia indicada por Jung-Stilling, homem tão pio, de intenções sobremaneira cristãs, em suas *Scenen aus dem Geisterreich* [Cenas do mundo espiritual], vol. 2, cena 1, p. 15: "De repente, o esqueleto encolheu para formar uma pequena figura de anão indescritivelmente asquerosa, como uma grande aranha de jardim quando se a coloca sob o foco de uma lente de aumento e então o sangue em brasa, semelhante a pus, sibila e ferve". Quer dizer, esse homem de Deus cometeu uma tal

---

25. As sociedades de proteção aos animais, em suas advertências, continuam fazendo uso do argumento ruim de que a crueldade contra animais levaria à crueldade contra pessoas – como se somente o ser humano fosse objeto imediato da obrigação moral, e o animal apenas de maneira mediata, em si uma mera coisa! Que asco! (Cf. *Os dois problemas fundamentais da ética*, pp. 164, 243 ss.)

infâmia, ou então presenciou-a como um observador tranquilo – o que, neste caso, dá no mesmo. Sim, isso o incomodou tão pouco que ele a conta de maneira incidental, com total naturalidade! Eis aí os efeitos do primeiro capítulo do Gênesis e de toda a concepção judaica de natureza. Para os hindus e budistas, em contrapartida, vale a *mahavakya* (o grande dito): "*Tat-tvam-asi*" (isto és tu), a qual deve ser pronunciada o tempo inteiro acerca de todo e qualquer animal para manter presente para nós a identidade da sua essência íntima com a nossa, a qual deve servir de fio condutor de nosso agir. – Para longe de mim com vossa moral mais perfeita de todas. –

Quando eu estudava em Göttingen, Blumenbach, no curso de fisiologia, falava conosco com muita seriedade sobre o que há de assustador nas vivissecções, e apresentava-nos que coisa cruel e pavorosa eram; de modo que só se deveria partir para elas muito raramente e apenas em exames altamente importantes e de utilidade imediata; mas, sendo esse o caso, a vivissecção deveria ocorrer da maneira mais pública possível, no grande auditório, tendo sido enviados convites a todos os médicos, para que o cruel sacrifício no altar da ciência trouxesse a maior utilidade possível. – Hoje em dia, porém, qualquer medicastro se considera autorizado a praticar a mais cruel tortura animal para decidir questões cuja solução já se encontra há muito tempo escrita em livros que eles são preguiçosos e ignorantes demais para ler. Nossos médicos não têm mais, como antes, a formação clássica, que lhes conferia uma certa humanidade e um traço nobre. Agora vai-se o mais cedo possível para a universidade, onde se quer aprender apenas a colar seus esparadrapos para então prosperar mundo afora.

Os biólogos franceses parecem ter sido pioneiros e dado o exemplo nessa questão, e os alemães competem com eles infligindo os mais cruéis martírios a animais inocentes, frequentemente em grande número, para resolver questões puramente teóricas, muitas vezes bastante fúteis. Quero agora confirmar o que digo por meio de alguns exemplos que me deixaram especialmente revoltado, embora não sejam de modo algum casos isolados; pelo contrário, seria possível contar outros cem semelhantes a eles. O professor Ludwig Fick de Marburg relata, em seu livro *Über die Ursachen der Knochenformen* [Sobre as causas das formas ósseas] (1857), que teria extirpado os globos oculares de animais jovens para com isso obter uma confirmação de sua hipótese de que agora os ossos crescem preenchendo a cavidade! (Cf. o *Central-Blatt* de 24 de outubro de 1857.)

Especial menção merece a abominação perpetrada pelo barão Ernst von Bibra de Nuremberg e depois por ele relatada ao público com uma incompreensível ingenuidade, *tanquam re bene gesta* [como se tivesse feito algo de bom], em suas *Vergleichende Untersuchungen über das Gehirn des Menschen und der Wirbelthiere* [Exames comparados sobre o cérebro dos homens e dos vertebrados] (Mannheim, 1854, p. 131 ss.): ele deixou dois coelhos *morrerem de fome* premeditadamente (!) para fazer o exame completamente inútil de se os componentes químicos do cérebro sofrem uma mudança de proporção com a morte por inanição! Para ser útil à ciência – *n'est-ce pas?* [Não é mesmo?] Será que nem em sonho passa pela cabeça desses senhores do bisturi e do cadinho que são primeiramente homens, e só depois químicos? – Como é possível dormir tranquilamente enquanto se mantêm trancafiados animais inofensivos, que mamaram na teta de suas mães, para que sofram uma morte lenta e torturante por inanição? Não se acorda, sobressaltado, no meio da noite? E isso ocorre na Baviera, onde, sob os auspícios do príncipe Adalberto, o digno e meritíssimo conselheiro Perner inspira toda a Alemanha como exemplo na proteção dos animais contra brutalidades e crueldades. Não há em Nuremberg nenhuma filial dessa sociedade, tão engajada na beneficência em Munique? O ato cruel de Bibra, caso não tenha podido ser impedido, ainda ficou impune? – E quem ainda tem tanto a aprender com livros, como esse senhor Bibra, não deveria justamente ele ser o último a pensar em extrair as respostas finais pela via da crueldade[26], em torturar a natureza para enriquecer seu saber, para extorquir dela seus segredos, os quais talvez já sejam de há muito conhecidos? Pois para esse saber há muitas outras fontes mais inocentes; de modo

---

26. Pois ele faz investigações minuciosas sobre a proporção entre o peso do cérebro e o do resto do corpo, por exemplo; muito embora, desde que Sömmering o descobriu com uma compreensão iluminada, já seja de conhecimento geral e indiscutível que o peso do cérebro não deve ser avaliado em proporção com o do corpo todo, mas com o do restante do sistema nervoso (cf. Blumenbach, *Institutiones physiologicae* [Elementos de fisiologia], 4ª ed. (1821), p. 173. Aprendam algo primeiro, depois poderão participar da discussão. Que isso, aliás, seja dito a todos os companheiros que escrevem livros que não comprovam nada além de sua própria ignorância), e isso pertença evidentemente aos conhecimentos preliminares que se deve possuir antes de decidir fazer exames experimentais sobre o cérebro de pessoas e animais. Mas, pelo jeito, torturar pobres animais lentamente até a morte é mais fácil do que aprender algo.

que não se teria necessidade de torturar até a morte pobres animais indefesos. Por tudo que há no mundo, que crimes o pobre coelho poderia ter cometido para que se o prenda a fim de entregá-lo ao suplício da lenta morte por inanição? Ninguém que já não conheça e saiba tudo que se encontra em livros acerca da relação a ser investigada tem o direito a fazer vivissecções.

É evidente que está na hora de a concepção judaica da natureza na Europa, pelo menos com vistas aos animais, chegar ao fim, e de *a essência eterna que,* assim como em *nós, também vive em todos os animais* ser reconhecida, protegida e respeitada como tal. Aprendei isso, tomai nota! Isso é coisa séria, e não deixará de sê-lo, mesmo que cubram a Europa inteira com sinagogas. É preciso estar desprovido de todos os sentidos e completamente cloroformizado pelo *foetor judaicus* para não se dar conta de que *o animal* é, no que há de essencial e principal, exatamente o mesmo que nós, e que a diferença se encontra apenas no acidental – o intelecto – e não na substância, que é a vontade. O mundo não é nenhum produto manufaturado, nem os animais algo fabricado para nosso uso. Perspectivas desse tipo deviam ser deixadas para sinagogas e auditórios de filosofia, os quais não são tão diferentes na essência. Em contrapartida, o conhecimento supracitado fornece-nos a regra para o tratamento correto dos animais. Aos zelotes e curas recomendo não contradizer muito neste ponto: pois desta vez temos não apenas a *verdade*, mas também a *moral* de nosso lado.[27] –

---

27. Enviam *missionários* aos bramanistas e budistas para ensinar-lhes a "fé verdadeira": mas estes, tão logo descobrem como são tratados os animais na Europa, adquirem a mais profunda repulsa contra os europeus e suas doutrinas da fé.

O *maior benefício das ferrovias* é que elas poupam milhões de cavalos de tração de uma existência miserável. –

Infelizmente, é verdade que o homem forçado a migrar para o norte e tornado branco por causa disso necessita de carne animal – embora haja *vegetarians* [vegetarianos] na Inglaterra –; mas então a morte desses animais deve ser tornada completamente imperceptível para eles por meio do clorofórmio e de uma pancada rápida em um ponto letal; e isso não por "misericórdia", como se expressa o Antigo Testamento, mas graças à dívida maldita para com a essência eterna que, como em nós, vive também em todos os animais. Dever-se-ia cloroformizar todos os animais antes do abate: isso seria um procedimento nobre, que honraria o homem, no qual a ciência superior do Ocidente e a moral superior do Oriente andariam de mão em mão, dado que o bramanismo e o budismo não limitam suas prescrições ao "próximo", mas incluem "todos os seres vivos" sob sua proteção.

Apesar de toda mitologia judaica e intimidação clerical, é preciso que também na Europa finalmente deixe de ser dissimulada e passe a ser reconhecida a verdade – autoevidente e de certeza imediata para qualquer pessoa que não tenha a mente deturpada ou enevoada pelo *foetor judaicus* – de que os animais, *no ponto principal e essencial, são exatamente o mesmo que nós*, e que a diferença se encontra apenas no grau da inteligência, isto é, da atividade cerebral, o qual, porém, também entre as distintas espécies animais admite grandes diferenças; e isso para que os animais passem a receber um tratamento mais humano. Pois somente quando essa verdade simples e indubitável tiver penetrado o povo é que os animais não mais existirão como entes desprovidos de direitos, estando por isso entregues aos caprichos maldosos e à crueldade de qualquer moleque malcriado – nem será lícito a qualquer medicastro pôr à prova cada extravagância de sua ignorância por meio da tortura atroz de um sem-número de animais, como ocorre hoje. Aliás, é preciso levar em conta que hoje os animais são em sua maioria *cloroformizados*, o que lhes poupa a tortura durante a operação, após a qual uma morte rápida pode libertá-los. Contudo, no caso das agora tão frequentes operações voltadas à atividade do sistema nervoso e sua sensibilidade, esse meio permanece necessariamente fora de questão, dado que aqui ele suspende justamente o que se pretende observar. E, infelizmente, utiliza-se com a maior frequência nas vivissecções o animal moralmente mais nobre de todos: o cão, cujo sistema nervoso altamente desenvolvido ainda por cima o torna mais receptivo à dor.[28] É preciso que se dê um fim ao tratamento

---

28. Sobre a crueldade para com *cães de guarda*: acorrentar, como um criminoso, o único verdadeiro companheiro e o mais fiel amigo do homem, esta conquista mais preciosa jamais feita por ele, como diz Frédéric Cuvier [*Le règne animal*], um ente tão inteligente, com uma sensibilidade tão refinada, que ele não sente nada da manhã até a noite, a não ser o anseio sempre renovado e jamais satisfeito por liberdade e movimento, tornando sua vida um martírio! Por meio de tal crueldade ele é finalmente despojado de sua natureza canina, transformando-se em um animal selvagem, infiel, incapaz de amar, em um ente que treme e rasteja constantemente, mesmo diante do diabo que é o homem! Preferia ser roubado do que ter essa lástima, cuja causa eu seria, diante dos olhos o tempo todo. (Cf. o § 153 [§ 6 do capítulo "Complementos à doutrina do sofrimento do mundo"], sobre o lorde e seu cão de guarda.) Também todos os pássaros de gaiola são uma crueldade ignóbil e estúpida. Deveria ser proibido, e a polícia deveria substituir também aqui o senso de humanidade.

inescrupuloso dos animais também na Europa. – Por causa de sua imoralidade, a concepção judaica do mundo animal precisa ser expulsa da Europa; e o que é mais óbvio do que o fato de que, no essencial e principal, o animal é completamente igual a nós? É preciso estar desprovido de todos os sentidos para não o reconhecer – ou antes: é preciso não *querer* ver, por preferir uma gorjeta à verdade.

§ 5.

Sobre o teísmo

Da mesma maneira que o politeísmo é a personificação de partes e forças da natureza singulares, o monoteísmo é a da natureza inteira – de uma só vez. –

Se, porém, procuro imaginar estar diante de um ente individual, ao qual dissesse: "Meu criador! Outrora eu não era; tu, porém, me produziste, de modo que agora sou não apenas algo, mas eu!" – e ainda: "agradeço-te por esta graça" – e no final até: "se não prestei para nada, a culpa foi *minha*" – então preciso confessar que, por consequência de meus estudos filosóficos e hindus, minha cabeça se tornou incapaz de suportar um pensamento desses. Ele é, aliás um corolário daquele que Kant nos apresenta na *Crítica da razão pura* (na seção "sobre a impossibilidade de uma prova cosmológica"): "É impossível evitar o seguinte pensamento, mas tampouco é possível suportá-lo: que um ente, o qual também imaginamos como sendo o mais elevado de todos os entes possíveis, como que dissesse para si mesmo: sou da eternidade à eternidade, fora de mim não há nada, a não ser o que só é algo por meio de minha vontade: *mas de onde venho eu?"* – Aliás, dito de passagem, nem esta última pergunta, nem toda a seção que venho de mencionar impediu os professores de filosofia desde Kant de fazerem do *absoluto* – quer dizer, dito sem rodeios, daquilo que não tem nenhuma causa – o tema central constante de todo seu filosofar. Eis aí um pensamento e tanto para eles. Em geral, essa gente é irremediável, e não posso aconselhar suficientemente a não perder tempo com seus escritos e palestras.

Não faz diferença construir um *ídolo* de madeira, pedra, metal, ou compô-lo de conceitos abstratos: continua sendo *idolatria*, tão logo se tenha um ente pessoal diante de si ao qual se sacrifica, que se invoca, ao qual se agradece. E, no fundo, tampouco é muito diferente sacrificar seus cordeiros ou suas inclinações. Todo e qualquer rito ou oração é um sinal incontestável de *idolatria*. Por isso as seitas místicas de todas as religiões concordam na suspensão de todos os ritos para seus adeptos.

§ 6.

Antigo e Novo Testamento

As características fundamentais do judaísmo são o *realismo e o otimismo*, os quais têm um parentesco próximo um com o outro e são as condições do *teísmo* propriamente dito, uma vez que este toma o mundo material como sendo absolutamente real e a vida como um presente agradável, feito para nós. Já as características fundamentais do bramanismo e do budismo são, ao contrário, *o idealismo e o pessimismo*, pois eles admitem que o mundo tenha apenas uma existência onírica e consideram a vida uma consequência de nossa própria culpa. Na doutrina do Zenda-Avesta, na qual, como é sabido, o judaísmo tem origem, o elemento pessimista ainda é representado por Ahriman. No judaísmo, porém, este ocupa apenas uma posição subordinada, como Satã, o qual, porém, justamente como Ahriman, também é o criador das serpentes, escorpiões e parasitas. O judaísmo emprega-o imediatamente para emendar seu equívoco fundamental otimista, quer dizer, para compor a doutrina do pecado original, que agora introduz aquele elemento pessimista nessa religião, o qual é exigido como tributo à verdade mais evidente de todas e segue sendo o pensamento fundamental mais correto dessa religião; embora desloque para o decurso da existência aquilo que precisaria ser apresentado como seu fundamento, a ela precedente.

Uma prova contundente de que Jeová seja Ormuzd é fornecida por I Esdras na *LXX*[29], portanto em ὁ ἱερευς [o sacerdote] *A* (cap. 6, v. 24), passagem omitida por Lutero: "*Ciro*, o rei, fez com que se construísse a casa do Senhor em Jerusalém, onde se lhe prestam sacrifícios através do *fogo sempiterno*". – Também II Macabeus, nos capítulos 1 e 2, assim como no capítulo 13, 8, comprova que a religião dos judeus fora a dos persas, dado que lá se narra que os judeus conduzidos ao cativeiro babilônico, sob condução de Neemias, teriam ocultado anteriormente o fogo sagrado em uma cisterna ressecada, onde teria acabado por submergir na água, tendo sido reavivado mais tarde por meio de um milagre, para grande edificação do rei persa. Assim como os judeus, também os persas tinham aversão

---

29. *Septuaginta*. Cf. a nota do autor à p. 174. (N.T.)

à idolatria e, por isso, tampouco representavam os deuses em imagens. (Também Spiegel, tratando do zoroastrismo, aponta um parentesco íntimo entre este e o judaísmo, mas pretende que o primeiro provenha do último). – Assim como Jeová é uma transformação de Ormuzd, o correspondente de Ahriman é *Satã*, quer dizer, "o adversário", isto é, o adversário de Ormuzd. (Lutero escreve "Adversário" onde, na *Septuaginta*, se lê "Satã", p. ex. em I Reis, 11, 23.) Parece que o culto a Jeová teria surgido sob Josias com auxílio de Hilquias, quer dizer, que teria sido adotado pelos parses e aprimorado por Esdras à ocasião do retorno do exílio babilônico. Pois está claro que até Josias e Hilquias predominaram na Judeia a religião natural, o sabeísmo, a adoração de Belus, de Astarte, entre outros mais, mesmo sob o reinado de Salomão. (Cf. os Livros dos Reis sobre Josias e Hilquias.)[30]

---

30. Não se deverá talvez a misericórdia, de outra maneira inexplicável, que (segundo Esdras) Ciro e Dário demonstram para com os judeus, fazendo com que se reerguesse seu templo, ao fato de que os judeus, que até então adoraram Baal, Astarte, Moloch etc., na Babilônia, após o triunfo dos persas, teriam adotado a crença do zoroastrismo, passando então a servir Ormuzd sob o nome de Jeová? Com isso concorda até mesmo que Ciro ore para o deus de Israel (I Esdras, cap. 2, v. 3 na LXX) – o que de outro modo seria absurdo. Todos os livros precedentes do Antigo Testamento ou foram redigidos mais tarde, portanto após o cativeiro na Babilônia, ou então pelo menos a doutrina de Jeová foi introduzida neles depois. Ademais, em I Esdras, capítulos 8 e 9, conhece-se o judaísmo pelo seu lado mais infame: aqui, o povo escolhido age segundo o modelo revoltante e ignóbil de seu progenitor Abraão: assim como este expulsara Hagar com Ismael, também aqui as mulheres que casaram com judeus durante o cativeiro na Babilônia são expulsas, juntamente com suas crianças – por não serem da raça mosaica. É difícil imaginar algo mais indigno. Se é que aquela patifaria de Abraão não foi inventada para embelezar a outra, muito maior, do povo inteiro.

Quero ainda mencionar aqui, de passagem, como confirmação da origem do judaísmo no zoroastrismo, que, segundo o Antigo Testamento e outras autoridades judaicas, os querubins são seres com cabeça de touro montados por Jeová (Salmo 99, 1. Na Septuaginta, II Reis, cap. 6, 2 e cap. 22, 11; IV, cap. 19, 15: ὁ καθημενος ἐπι Χερουβιμ [Tu, que te sentas sobre o Querubim.]). Animais dessa espécie, metade touros, metade humanos, também metade leões, muito similares à descrição de Ezequiel, capítulos 1 e 10, encontram-se também nas esculturas em Persépolis, mas especialmente entre as estátuas assírias encontradas em Mossul e Nimrud, e até em Viena há uma pedra lapidada que representa Ormuzd montado sobre um querubim-touro desse tipo – sobre o que os detalhes se encontram nos *Wiener Jahrbücher der Literatur* [Anais vienenses da literatura], setembro de 1833, [Panorama de doze] Viagens pela Pérsia. A demonstração minuciosa dessa origem foi, aliás, fornecida por J.G. Rhode, em seu livro *Die heilige Sage des Zendvolks* [A saga sagrada do povo zenda]. Tudo isso esclarece a árvore genealógica de Jeová.

O Novo Testamento, em contrapartida, tem que ser, de algum modo, de origem indiana: isso é testemunhado por sua ética totalmente hindu, que conduz a moral em direção à ascese, por seu pessimismo e por seu avatar. E justamente por esses elementos ele se encontra em uma íntima e decidida contradição com o Antigo Testamento; de modo que a história do pecado original era a única a fornecer um elo ao qual ele podia ser anexado. Pois, quando essa doutrina hindu pisou o solo da Terra Prometida, surgiu a tarefa de conciliar o reconhecimento da corrupção e da miséria do mundo, de sua necessidade de redenção e salvação por meio de um avatar, juntamente com a moral da autonegação e penitência, com o monoteísmo judaico e seu παντα καλα λιαν [tudo era muito bom].[31] E teve-se sucesso, na medida do possível, a saber, na medida em que duas doutrinas tão heterogêneas, sim, opostas, podiam ser unificadas.

Assim como uma hera, dado que carece de suporte e apoio, se enrosca em uma estaca grosseiramente talhada, acomodando-se por toda parte à sua deformidade, reproduzindo-a, mas vestida com sua vida e charme, de modo que uma aparência agradável se nos apresenta no lugar da que lhe é própria, da mesma maneira também a doutrina cristã, originada na sabedoria hindu, revestiu o velho tronco grosseiro do judaísmo, totalmente heterogêneo a ela, e aquilo que teve que ser preservado de sua forma original foi transformado em algo completamente diferente, em algo vivo e verdadeiro: parece ser o mesmo, mas é algo realmente diferente.

Pois o Criador a partir do nada, separado do mundo, é identificado com o Salvador e, através dele, com a humanidade, a quem ele se apresenta como representante, uma vez que ela é redimida nele, da mesma maneira que havia decaído em Adão, encontrando-se desde então emaranhada nos laços do pecado, da corrupção, do sofrimento e da morte. Pois, assim como no budismo, o mundo apresenta-se aqui como tudo isso – e não mais à luz do otimismo judaico, o qual achava "tudo muito belo" (παντα καλα λιαν): pelo contrário, o próprio diabo chama-se agora "Príncipe deste mundo", ὁ αρχων του κοσμου τουτον

---

31. I Moisés, 1, 31. (N.T.)

(João 12, 32), literalmente "Regente do mundo". O mundo não é mais fim, e sim meio: o reino das alegrias eternas encontra-se para além dele e da morte. Renúncia neste mundo e direcionamento de todas as esperanças para um mundo melhor é o espírito do cristianismo. O caminho para um tal mundo, porém, é aberto pela reconciliação, isto é, pela libertação em relação ao mundo e seus caminhos. Na moral, o mandamento do amor aos inimigos tomou o lugar do direito à retaliação, a promessa da vida eterna o da de uma prole incontável, e o espírito santo, que tudo ofusca, tomou o lugar da retaliação do delito nos filhos até a quarta geração.

Vemos, assim, as doutrinas do Antigo Testamento retificadas e reinterpretadas nas do Novo Testamento, viabilizando uma concordância íntima e essencial com as antigas religiões da Índia. Tudo quanto há de verdadeiro no cristianismo encontra-se também no bramanismo e no budismo. Mas a concepção judaica de um nada animado, de um produto temporal, o qual não pode agradecer e louvar Jeová com suficiente humildade por uma existência efêmera, plena de lástimas, angústia e necessidade – nada disso pode ser encontrado no hinduísmo e no budismo. Pois é possível sentir o espírito da sabedoria hindu no Novo Testamento como um perfume de flores trazido pelo vento de regiões tropicais distantes, por sobre montanhas e rios. Do Antigo Testamento, em contrapartida, nada combina com ela, a não ser o pecado original, que, justamente, teve de ser acrescentado imediatamente, como corretivo, ao teísmo otimista, e ao qual então também se ligou o Novo Testamento como o único ponto de apoio que a ele se apresentava.

Agora, assim como para o conhecimento aprofundado de uma espécie é exigido conhecer também seu gênero, e este, porém, por sua vez, também só pode ser conhecido em suas espécies, também para uma profunda compreensão do cristianismo é exigido o conhecimento sólido e tão preciso quanto possível das duas outras religiões negadoras do mundo, isto é, do bramanismo e do budismo. Pois, assim como é apenas o sânscrito que nos possibilita o conhecimento realmente aprofundado das línguas grega e latina, também somente o bramanismo e o budismo possibilitam o do cristianismo.

Chego a alimentar esperanças de que algum dia haverá estudiosos da Bíblia familiarizados com as religiões indianas que poderão comprovar o parentesco destas com o cristianismo também por meio de traços mais específicos. Por enquanto, apenas a título de experimentação, chamo a atenção para o seguinte. Na Epístola de Tiago (Tiago 3, 6), a expressão ὁ τροχὸς τῆς γενέσεως (literalmente "a roda da geração") é desde sempre uma *crux interpretum* [grande dificuldade para os intérpretes]. No budismo, porém, a roda da transmigração das almas é um conceito altamente corriqueiro. Na tradução do *Foe-Kue-Ki* de Abel Rémusat, lê-se na página 28: *la roue est l'emblème de la transmigration des âmes, qui est comme un cercle sans commencement ni fin* [a roda é o emblema da transmigração das almas, que é como um círculo sem começo nem fim]. P. 179: *la roue est un emblème familier aux Bouddhistes, il exprime le passage successif de l'âme dans le cercle des divers modes d'existence* [a roda é um emblema familiar aos budistas; ele exprime a passagem sucessiva da alma pelo círculo dos diversos modos de existência]. À p. 282, o próprio Buda diz: *qui ne connaît pas la raison, tombera par le tour de la roue dans la vie et la mort* [quem não conhecer a razão cairá pelo giro da roda na vida e na morte]. Na *Introduction à l'histoire du Buddhisme* de Burnouf encontramos, no vol. I, p. 434, a seguinte passagem significativa: *il reconnut ce que c'est que la roue de la transmigration, qui porte cinq marques, qui est à la fois mobile et immobile; et ayant triomphé de toutes les voies par lesquelles on entre dans le monde, en les détruisant etc.* [ele reconheceu o que é a roda da transmigração, a qual possui cinco características e é ao mesmo tempo móvel e imóvel; e, tendo triunfado sobre todas as vias pelas quais se entra no mundo, destruindo-as etc.]. Em *Eastern Monachism* [Monasticismo oriental], de Spence Hardy (Londres, 1850), lê-se, à página 6: *like* the revolutions of a wheel, *there is a regular succession of death and birth, the moral cause of which is the cleaving to existing objects, whilst the instrumental cause is* karma *(action)* [como as *revoluções de uma roda*, há uma sucessão regular de morte e nascimento, cuja causa moral é o apego a objetos existentes, enquanto a causa instrumental é o *carma* (a ação)]. Cf. ibid., p. 193 e 223 s. Também no *Prabodha-Chandrodaya* (ato 4, cena 3) está escrito: *Ignorance is the source of* Passion, *who turns* the wheel of this mortal existence [Ignorância é a fonte da *paixão*, a qual gira *a roda desta existência mortal*]. Sobre o constante surgir e perecer de mundos sucessivos está escrito o seguinte na apresentação do budismo de acordo com textos birmaneses feita por *Buchanan* nos *Asiatic Researches* [Pesquisas asiáticas], vol. 6,

p. 181: *the successive destructions and reproductions of the world resemble* a great wheel, *in which we can point out neither beginning nor end* [as sucessivas destruições e reproduções do mundo parecem-se com *uma grande roda*, da qual não podemos indicar nem o início, nem o fim]. (A mesma passagem, apenas mais longa, encontra-se em Sangermano, *Description of the Burmese Empire* [Descrição do império birmanês], Roma 1833, p. 7.)[32]

Segundo o glossário de Graul, *hansa* é um sinônimo de *saniasi*.[33] – Teria o nome *Johannes* [*João*] (do qual no alemão se deriva *Hans*) uma relação com isso (e com sua vida de saniasi no deserto)? –

Uma semelhança completamente externa e casual entre o budismo e o cristianismo é que ambos não são predominantes na terra em que surgiram, de modo que ambos têm que dizer: προφητης εν τη ιδια πατριδι τιμην ουκ εχει (*vates in propria patria honore caret*) [O profeta nada vale na própria pátria].[34]

Quiséramos, para explicar essa concordância com as doutrinas hindus, adentrar em toda sorte de conjecturas, então seria possível supor que o relato, no Evangelho, da fuga para o Egito tivesse um fundo histórico, e que Jesus, tendo sido educado por sacerdotes egípcios, cuja religião era de origem hindu, teria

---

32. [*Institutes of Hindu Law, or The Ordinances of*] *Menu* [Instituições da lei hindu, ou os decretos de Manu], cap. XII, 124. *Sancara*, p. 103. [Jean Baptiste F.] Obry, [*Du*] *Nirwana* [*indien*], p. 31; e na p. 30 ele diz: "*La transmigration porte en Sanscrit le nom vague de Samsara, cercle ou mouvement circulaire des naissances*". [A transmigração tem em sânscrito o nome vago de Samsara, círculo ou movimento circular dos nascimentos.]

33. Cf. a nota 2 à p. 112. (N.T.)

34. João 4, 44, entre outros. (N.T.)

adotado deles a ética hindu e o conceito de avatar, esforçando-se, depois, em casa, por acomodá-los aos dogmas judaicos e enxertá-los no velho tronco destes. O sentimento da própria superioridade moral e intelectual tê-lo-ia finalmente movido a considerar-se ele mesmo um avatar e, por isso, a chamar-se de filho do homem para insinuar que seria mais que um mero homem. Seria até mesmo possível imaginar que, dada a força e a pureza de sua vontade, e graças à onipotência que, de modo geral, cabe à vontade como coisa em si, a qual conhecemos a partir do magnetismo animal e de efeitos mágicos associados a este, ele também teria sido capaz de realizar o que foi chamado de milagre, quer dizer, de agir por meio da influência metafísica da vontade, para o que também os ensinamentos dos sacerdotes egípcios o teriam capacitado. Esses milagres teriam então sido aumentados e multiplicados mais tarde, pela saga. Pois um milagre propriamente dito seria necessariamente um *démenti* [desmentido] da natureza sobre si mesma.[35]
Entretanto, é somente com suposições dessa espécie que se torna em alguma medida explicável como Paulo,

---

35. Para a grande turba os milagres são os únicos argumentos compreensíveis; é por isso que todos os fundadores de religiões os praticam. –
Documentos religiosos contêm milagres para dar credibilidade ao seu conteúdo: mas chega um tempo em que eles passam a ter o efeito contrário. –
Os Evangelhos queriam sustentar sua credibilidade com o relato de milagres, mas minaram-na justamente com isso. –
Os *milagres* na Bíblia devem comprovar sua verdade: mas têm o efeito contrário.
Os teólogos procuram ora alegorizar os *milagres* da Bíblia, ora naturalizá-los, para ficarem livres deles de alguma maneira: pois sentem que *miraculum sigillum mendacii* [milagre é sinal de mentira].

cujas epístolas principais haverão de ser autênticas, tenha podido, com toda seriedade, apresentar como Deus encarnado e como idêntico ao criador do mundo alguém que à época falecera havia tão pouco tempo, de quem ainda viviam muitos contemporâneos; dado que, normalmente, apoteoses de intenções sérias dessa espécie e grandeza necessitam de muitos séculos para amadurecer. Por outro lado, porém, seria possível extrair disso um argumento contra a autenticidade das epístolas paulinas em geral.

Que, de modo geral, algum original, ou pelo menos um fragmento proveniente do tempo e do ambiente do próprio Jesus, esteja na base de nossos Evangelhos, pretendo concluí-lo justamente a partir da profecia tão escandalosa do fim do mundo e do glorioso retorno do Senhor nas nuvens, que deveria ter lugar ainda durante o tempo de vida de alguns que estavam presentes à promessa. Pois que essa promessa tenha permanecido sem cumprimento constitui uma circunstância sobremaneira incômoda, que não apenas gerou inconveniências em tempos posteriores, mas já causara constrangimentos a Paulo e Pedro, os quais são discutidos em detalhe no livro muito digno de leitura de Reimarus, *Vom Zwecke Jesu und seiner Jünger* [Do objetivo de Jesus e seus discípulos], §§ 42-44. Ora, se os Evangelhos tivessem sido redigidos por volta de cem anos mais tarde, sem a presença de documentos daquela época, ter-se-ia certamente cuidado para não introduzir neles profecias como essa, cuja não realização, tão inconveniente, já era evidente àquela época. Igualmente, caso os autores dos Evangelhos não tivessem trabalhado com base em documentos contemporâneos que contivessem passagens como todas aquelas a partir das quais Reimarus, com grande perspicácia, constrói aquilo que ele chama de o Primeiro Sistema dos discípulos, segundo o qual Jesus era para eles apenas um libertador mundano dos judeus, tampouco ter-se-ia introduzido tais passagens nos Evangelhos. Pois até mesmo uma tradição meramente oral entre os fiéis teria descartado coisas que trouxessem inconveniências à fé. Diga-se de passagem, aliás, que Reimarus, de modo inexplicável, não notou a passagem de João 11, 48, de todas a mais favorável à sua hipótese (cf. também 1, 50 e 6, 15), assim como Mateus 27, v. 28-30; Lucas 23, v. 1-4, 37, 38, e João 19, v. 19-22. Se, porém, se quisesse a sério validar e levar a cabo esta hipótese, então seria preciso supor que o teor religioso e moral do cristianismo teria sido coligido por judeus alexandrinos, versados nas doutrinas de fé hindus e budistas, e que então um herói político, com seu triste destino, teria sido usado como o elo de conexão entre eles por meio da transformação do messias mundano original em um messias celestial. Sem dúvida, isso tem muito contra si. Contudo, o princípio mítico estabelecido por Strauß para explicar a história do Evangelho permanece correto, pelo menos nos pormenores desta; e será difícil definir o seu alcance. No que concerne ao elemento mítico, de modo geral, será preciso esclarecer a questão com base em exemplos mais próximos e menos questionáveis. Assim, por exemplo, em toda a Idade Média, tanto na França como na Inglaterra, o Rei Arthur é uma personagem bem definida, extremamente ativa, fantástica, que aparece sempre com o mesmo caráter e na mesma companhia, a qual, com sua távola redonda, seus cavaleiros, seus atos heroicos inauditos, seu admirável senescal, sua esposa infiel, juntamente com seu Lancelote do Lago etc., constituiu o tema constante dos poetas e romancistas de vários séculos, os quais, todos, nos apresentam as mesmas personagens, com os mesmos caracteres, concordando em grande medida também quanto aos eventos, apenas divergindo fortemente nos costumes e nos hábitos, a saber, de acordo com a própria época de cada um. Acontece que, agora, há alguns anos, o ministério francês enviou o Senhor de la Villemarqué à Inglaterra para investigar a origem dos mitos sobre esse Rei Arthur. E o resultado, com vistas aos fatos que lhes serviam de base, foi que no início do século VI viveu, no País de Gales, um pequeno chefe chamado Arthur, o qual lutou assiduamente contra os invasores saxões, cujos feitos insignificantes, porém, foram esquecidos. Disso, portanto, se fez, Deus sabe por que, uma personagem tão esplêndida, celebrada durante muitos séculos em incontáveis canções, romances de cavalaria e outros. Veja-se: *Contes populaires des anciens Bretons, avec un essay sur l'origine des épopées sur la table ronde* [Contos populares dos antigos bretões, com um ensaio sobre a origem das epopeias sobre a távola redonda], de Th. de la Villemarqué, 2 vols., 1842, assim como *The life of king Arthur, from ancient historians and authentic documents* [A vida do Rei Arthur, por historiadores antigos e documentos autênticos], de Ritson, 1825, onde ele aparece como uma figura nebulosa, distante, indefinida, mas não desprovida de um cerne real. – A situação é quase a mesma no caso de Rolando, o qual é o herói da Idade Média inteira, celebrado em inúmeras canções, novelas épicas e romances, até mesmo por meio de monumentos, que por fim ainda fornece material a Ariosto, ressuscitando transfigurado: ele só é citado uma única vez na História, ocasionalmente e com apenas três palavras, a saber, quando Eginhard o conta entre os notáveis caídos em Roncesvales (*Roncevaux*), chamando-o de *Hroudlandus, Britannici limitis praefectus* [Hroulando, prefeito das fronteiras britânicas] – e isso é tudo que dele sabemos; assim como tudo que realmente sabemos de Jesus Cristo se reduz à passagem de Tácito (*Anais L.* XV, cap. 44). Mais um exemplo é fornecido pelo mundialmente famoso Cid dos espanhóis, que sagas e crônicas, mas acima de tudo as canções populares do tão famoso, belíssimo *Romancero*, e finalmente também o melhor drama de Corneille, glorificam, também concordando em grande medida nos eventos principais, especialmente no que diz respeito a Jimena; enquanto os escassos dados históricos sobre ele nada revelam além de um cavaleiro sem dúvida valente e um líder militar excepcional, mas de caráter muito cruel e desleal, sim, venal, que servia ora a um partido, ora ao outro, e mais frequentemente aos sarracenos do que aos cristãos, quase como um Condottiere, porém casado com uma Jimena. Os detalhes a respeito podem ser vistos nas *Recherches sur l'histoire* [*politique et littéraire*] *de l'Espagne* [*pendant le moyen-âge*] [Investigações sobre a história política e literária da Espanha medieval] de Dozy, 1849, vol. 1 – que parece ter sido o primeiro a chegar às fontes corretas. – Qual terá sido o fundamento histórico da *Ilíada*? – Sim, para aproximar ainda mais de nós a questão, pense-se na historinha da maçã de Newton, cuja falta de embasamento eu já discuti acima, no § 86[36], o que, porém, já foi repetido em milhares de livros, e até mesmo Euler, no primeiro volume de suas cartas à princesa, não deixou de ilustrar *con amore* [amavelmente]. – De modo geral, para que qualquer história tivesse grande importância, seria preciso que a mentira não estivesse impregnada com tanta profundidade em nossa estirpe quanto infelizmente está.

§ 7.

Seitas.

O *agostinismo*, com seu dogma do pecado original e o que mais a ele se liga, é, como já dito, o verdadeiro cristianismo, entendido corretamente. O *pelagianismo*, em contrapartida, é o esforço para reconduzir o cristianismo ao grosseiro e trivial judaísmo, com seu otimismo.

Seria possível reconduzir a oposição entre agostinismo e pelagianismo como que à sua razão ulterior no fato de que o primeiro fala da essência em si das coisas, enquanto o outro fala do fenômeno, o qual ele, no entanto, toma por essência. Por exemplo, o pelagiano nega o pecado original: pois a criança, que

---

36. Schopenhauer refere-se a um parágrafo do capítulo 6 do segundo volume de *Parerga e paralipomena* intitulado *Sobre a filosofia e a ciência da natureza*, não incluso na presente coletânea. Aqui ele discute a autoria de Newton da lei gravitacional e aponta, entre outras coisas, a implausibilidade dessa conhecida anedota. (N.T.)

ainda nem fez nada, teria de ser inocente – mas isso é porque ele não se dá conta de que como fenômeno, sem dúvida, a criança está apenas começando a ser, porém não como coisa em si. O mesmo se passa com a liberdade da vontade, com a morte reconciliadora do Salvador, com a graça – em suma, com tudo. – Por consequência de sua compreensibilidade e trivialidade, o pelagianismo sempre prevalece: mas mais do que nunca agora, sob a forma do racionalismo. Há um pelagianismo mais brando na Igreja grega, e também na católica depois do *Concilio Tridentino* [Concílio de Trento], a qual quis opor-se com isso a Lutero, de índole agostiniana, e portanto mística, assim como a Calvino; também os jesuítas são igualmente semipelagianos. Os jansenistas, em contrapartida, são agostinianos, e sua concepção pode muito bem ser a forma mais autêntica do cristianismo. Pois o protestantismo, por recusar o celibato e em geral a ascese propriamente dita, assim como seus representantes, os santos, tornou-se um cristianismo embotado, ou melhor, quebrado, dado que lhe falta a ponta: ele não leva a nada.[37]

§ 8.

Racionalismo.

O ponto central e o coração do cristianismo é a doutrina da queda do homem, do pecado original, do desconsolo de nosso estado natural e da corrupção do homem natural, aliada à representação e reconciliação

---

[37]. Nas igrejas protestantes o objeto mais chamativo é o púlpito; nas católicas, o altar. Isso simboliza que o protestantismo se volta antes de mais nada ao entendimento; o catolicismo, porém, à fé.

por meio do salvador, da qual se participa por meio da fé nele. Agora, justamente por isso ele se revela pessimista, sendo, portanto, diametralmente oposto ao otimismo do judaísmo, assim como do seu filho legítimo, o islã, porém aparentado ao bramanismo e ao budismo. – A doutrina de que em Adão todos pecaram e são condenados, e de que no salvador, porém, todos são libertados, expressa também que a essência genuína e a verdadeira raiz do homem não se encontram no indivíduo, mas na espécie, a qual é a *ideia* platônica do ser humano, cuja manifestação fenomênica dispersa no tempo são os indivíduos.

A diferença fundamental entre as religiões encontra-se no fato de elas serem otimistas ou pessimistas; de modo algum na questão de serem monoteísmo, politeísmo, trimúrti, trindade, panteísmo ou ateísmo (como o budismo). Por isso, o Antigo e o Novo Testamento são diametralmente opostos um ao outro, e sua unificação constitui um extravagante centauro. Pois o Antigo Testamento é otimista, e o Novo Testamento é pessimista. Aquele provém, conforme demonstrado, da doutrina de Ormuzd; este, segundo seu espírito íntimo, é aparentado ao bramanismo e budismo, portanto provavelmente também é historicamente derivado deles de alguma maneira. Aquele é uma música em modo maior, este, no menor. Apenas a queda do homem constitui uma exceção no Antigo Testamento, mas permanece inutilizada e fica ali como um *hors-d'oeuvre*, até que o cristianismo a retoma, como o único elo de conexão a ele adequado.

Acontece, porém, que os nossos racionalistas de hoje em dia, seguindo os passos de Pelágio, procuram, com todas as suas forças, obliterar e afastar por meio de suas exegeses esse caráter fundamental do cristianismo acima indicado, que Agostinho, Lutero e Melâncton apreenderam com grande correção e sistematizaram na medida do possível, para reconduzir o cristianismo a um judaísmo sóbrio, egoísta e otimista, com o acréscimo de uma moral melhorada e uma vida futura, a qual é uma exigência do otimismo levado a cabo de maneira consequente, a saber, para que a magnificência não chegue ao fim tão depressa e seja suprimida a morte, que exclama demasiado alto contra uma visão otimista, aparecendo no final, como o hóspede pétreo para o alegre Don Juan. – Os racionalistas são uma gente honesta, porém superficial, que não tem nenhuma noção do sentido profundo do mito do Novo Testamento e não consegue superar o otimismo judaico, que lhe é compreensível e conveniente. Eles querem a verdade nua e crua, tanto na história como na doutrina. É possível compará-los ao evemerismo da Antiguidade. Sem dúvida, a contribuição dos supranaturalistas é, no fundo, uma mitologia, mas ela é o veículo de verdades importantes e profundas, que não seria possível aproximar do entendimento da grande turba por outra via. O quão distantes, porém, esses racionalistas se encontram de todo conhecimento, sim, de qualquer noção do sentido e do espírito do cristianismo, é revelado, por exemplo, por seu grande apóstolo Wegscheider, em sua ingênua dogmática (§ 115, notas inclusive), onde ele não se envergonha de opor às profundas sentenças de Agostinho e os reformadores sobre o pecado original e a corrupção essencial do homem natural o palavrório insípido de Cícero no *Livro dos ofícios*, uma vez que este último lhe convém muito mais. É preciso realmente admirar a desenvoltura com que esse homem exibe sua sobriedade, superficialidade, sim, sua total falta de sensibilidade para o espírito do cristianismo. Mas ele é apenas *unus e multis* [um de muitos]. Ora, também Bretschneider eliminou, com sua exegese, o pecado original da Bíblia, enquanto que o pecado original e a redenção constituem a essência do cristianismo. – Por outro lado, é inegável que os supranaturalistas são por vezes algo muito pior, a saber, curas, no pior sentido da palavra. Cabe ao cristianismo ver como ele haverá de passar entre Cila e Caríbdis. O equívoco comum a ambos os partidos é que eles buscam na religião a verdade desvelada, seca e literal. Esta, porém, pode ser almejada somente na filosofia: a religião só tem uma verdade adequada ao povo, uma verdade indireta, simbólica, alegórica. O cristianismo é uma alegoria que ilustra um pensamento verdadeiro; mas a alegoria não é em si mesma o verdadeiro. Supor isso, não obstante, é o equívoco em que convergem supranaturalistas e racionalistas. Aqueles querem considerar a alegoria verdadeira em si; estes querem reinterpretá-la e moldá-la até que possa ser verdadeira em si, pelo menos segundo seu critério. É por isso que cada partido combate o outro com razões pertinentes e fortes. Os racionalistas dizem aos supranaturalistas: "Vossa doutrina não é verdadeira". Estes, porém, dizem àqueles: "Vossa doutrina não é cristianismo". Ambos têm razão. Os racionalistas creem tomar a razão como critério; mas de fato valem-se apenas da razão atada aos pressupostos do teísmo e do otimismo, algo como a *Profissão de fé do vigário saboiano*[38], esse protótipo de todo

---

38. Famosa passagem do *Emílio*, de Jean-Jacques Rousseau. (N.T.)

racionalismo. Por isso, não querem deixar perdurar nada do dogma cristão, a não ser precisamente aquilo que consideram verdadeiro *sensu proprio*, a saber: o teísmo e a alma imortal. Se porém, para tanto, com a audácia da ignorância, apelam para a *razão pura*, é preciso valer-se da sua *crítica* para forçá-los à compreensão de que esses seus dogmas, escolhidos para serem mantidos por serem considerados racionais, se baseiam apenas em um emprego transcendente de princípios imanentes, constituindo, por consequência, um dogmatismo filosófico acrítico, e, portanto, insustentável, do tipo combatido e comprovado como vão em cada página da *Crítica da razão pura*; por isso, já seu nome anuncia seu antagonismo contra o racionalismo. Enquanto, pois, o supranaturalismo tem, certamente, verdade alegórica, não é possível atribuir nenhuma verdade ao racionalismo. Pelo contrário, os racionalistas não têm razão alguma. Quem quiser ser racionalista precisa ser um filósofo e, enquanto tal, emancipar-se de toda autoridade, avançar e não hesitar diante de nada. Se, porém, se quiser ser teólogo, então que se seja coerente e não abandone o fundamento da autoridade, mesmo que esta mande crer no incompreensível. Não é possível servir a dois senhores: serve-se ou à razão, ou às Escrituras. *Juste milieu* [meio-termo] significa aqui sentar-se entre duas cadeiras. Ou crer, ou filosofar! E que se seja inteiramente aquilo que se escolheu. Mas crer apenas até um certo ponto, assim como filosofar apenas até um certo ponto, sem ir além – é essa a deficiência que constitui o caráter fundamental do racionalismo. Em compensação, os racionalistas têm uma justificação moral, na medida em que trabalham de maneira completamente honesta e só iludem a si mesmos; enquanto os supranaturalistas, com sua reivindicação da verdade *sensu proprio* para uma mera alegoria, haverão na maioria das vezes de estar procurando enganar outros propositadamente. Não obstante, a verdade contida na alegoria é salva pelo esforço destes; enquanto que os racionalistas, em contrapartida, em sua sobriedade e superficialidade nórdicas, arremessam-na pela janela, juntamente com toda a essência do cristianismo, sim, chegam, afinal, passo a passo, aonde Voltaire chegara voando oitenta anos atrás. Frequentemente, é divertido ver como eles, na determinação das propriedades de Deus (de sua *quidditas* [quididade]), quando não lhes basta mais a mera palavra, o xibolete "Deus", miram cuidadosamente para atingir o *juste milieu* entre uma pessoa e uma força da natureza; o que, como era de se esperar, só pode ser sustentado com dificuldade. Entretanto, nessa luta entre racionalistas e supranaturalistas, ambos os partidos desgastam um ao outro, como os homens armados nascidos quando Cadmo semeou os dentes de dragão. Ademais, o tartufianismo mobilizado por um certo lado ainda dá o golpe mortal na questão. Pois, assim como, no carnaval de cidades italianas, se veem máscaras insanas caminhando entre as pessoas que perseguem seus negócios com sobriedade e seriedade, também vemos hoje em dia na Alemanha tartufos fanáticos delirando entre os filósofos, pesquisadores da natureza, historiadores, críticos e racionalistas, em vestes de uma época que já ficou séculos no passado; e o efeito é burlesco, especialmente quando estão arengando.

Aqueles que creem que as ciências podem sempre progredir e se disseminar cada vez mais, sem que isso impeça a religião de seguir perdurando e florescendo continuamente, estão enredados em um grande equívoco. Física e metafísica são os inimigos naturais da religião, e por isso esta é também inimiga daquelas, buscando a toda hora suprimi-las, assim como aquelas buscam minar a religião. Querer falar de paz e concordância entre ambas é altamente ridículo: pois trata-se de um *bellum ad internecionem* [uma guerra de extermínio]. Religiões são filhas da ignorância, que não sobrevivem muito à mãe. Omar sim entendeu o problema ao queimar a biblioteca de Alexandria: sua razão para tanto, de que o conteúdo dos livros ou estava contido no Corão, ou então era supérfluo, é considerada tola, mas é muito prudente, se apenas for entendida *cum grano salis*, isto é, no sentido de que as ciências, quando vão para além do Corão, se tornam inimigas da religião, não podendo, portanto, ser toleradas. A situação do cristianismo seria muito melhor se os regentes cristãos tivessem sido tão astutos quanto Omar. Agora, porém, já é um pouco tarde para queimar todos os livros, suspender a academia, preencher as universidades até a medula com o *pro ratione voluntas* [que a vontade sirva de razão][39], para reconduzir a humanidade ao ponto em que se encontrava na Idade Média. E não há nada a fazer quanto a isso com apenas um punhado de obscurantistas: estes são vistos hoje em dia como gente que quer apagar a luz para roubar. Pois está evidente que os povos estão prestes a sacudir o jugo da fé: os sintomas disso mostram-se por toda parte, embora

---

39. Juvenal, *Saturnálias* 6, 223. (N.T.)

com modificações diferentes em cada país. A causa é a quantidade demasiado grande de saber que penetrou em seu meio. Os conhecimentos de toda espécie que se multiplicam diariamente e cada vez mais em todas as direções ampliam tanto o horizonte de cada um, segundo sua esfera, que ele tem finalmente de alcançar uma proporção tal, que diante dele os mitos que compõem o esqueleto do cristianismo encolherão em tal medida que a fé não será mais capaz de aderir a eles. A humanidade está ficando demasiado grande para a religião, como para uma roupa infantil, e não há como impedi-lo: ela arrebentará. Fé e saber não convivem bem na mesma cabeça: eles convivem aqui como lobo e ovelha em uma só jaula – e o saber é o lobo, que ameaça devorar o vizinho. – Vemos a religião, em perigo de vida, agarrar-se à moral, querendo fazer-se passar por sua mãe: mas em vão! Moral e moralidade genuínas não são dependentes de religião alguma; muito embora elas todas as sancionem e lhes confiram, com isso, um apoio. – Primeiramente, então, expulso dos estamentos médios, o cristianismo refugia-se nos mais baixos, onde ele aparece sob a forma da instituição do conventículo, e nos mais elevados, onde é assunto da política; muito embora se devesse considerar que também aqui se aplica o dito de Goethe:

"Percebe-se a intenção e fica-se indisposto."[40]

Ao leitor virá à mente aqui a passagem de Condorcet citada no § 174.[41]

---

40. *Tasso* II, 1. (N.T.)
41. Correspondente ao § 1 do presente capítulo. (N.T.)

A fé é como o amor: não pode ser coagida. Por isso é uma empreitada delicada querer introduzi-la ou consolidá-la por meio de medidas estatais: pois, assim como a tentativa de coagir ao amor produz ódio, também é a tentativa de forçar a fé que produz a verdadeira descrença.[42] Só é possível promover a fé de maneira altamente indireta e, consequentemente, por meio de instituições estabelecidas com grande antecedência, a saber, preparando um bom solo sobre o qual ele possa vicejar: esse solo é a ignorância. É por isso que, na Inglaterra, se cuidou já desde tempos antigos e até hoje de produzi-la, de modo que dois terços da nação não soubessem ler, razão pela qual ainda hoje impera lá uma fé cega impossível de encontrar em outra parte. Mas agora o governo toma também lá a educação do povo das mãos do clero; com o que a fé logo começará a vir morro abaixo. – No todo, portanto, minado constantemente pelas ciências, o cristianismo vai aos poucos ao encontro de seu fim. Entretanto, é possível ganhar esperanças para ele a partir da consideração de que só as religiões desprovidas de escrituras sucumbem. A religião dos gregos e romanos, esses povos que dominaram o mundo, veio abaixo. Em contrapartida, a religião do pequeno e desprezado povo judeu se manteve; o

---

42. A má consciência que *a religião* deve ter pode ser medida pela gravidade das penas que acompanham a proibição de *zombar* dela. –
Os governos europeus proíbem todo e qualquer ataque à *religião local*. Mas eles mesmos enviam *missionários* a países bramânicos e budistas, os quais atacam as religiões desses lugares com fervor e em suas bases – para abrir espaço para sua religião importada. E então protestam aos berros quando alguma vez um imperador chinês ou um mandarim-mor de Tonquim corta as cabeças dessa gente. –

mesmo ocorreu com a do povo zenda, entre os parses. Em contrapartida, a dos gauleses, escandinavos e germanos veio abaixo. As religiões bramânica e budista, porém, perduram e florescem: elas são as mais antigas de todas e têm escrituras minuciosas.

§ 9.

Uma religião que tem como fundamento um *evento singular*, sim, que quer fazer dele, que se deu em tal e tal lugar, em tal e tal momento, o ponto de virada do mundo e de toda a existência, tem um fundamento tão fraco que é impossível que ela perdure tão logo as pessoas comecem a refletir um pouco. Quão sábia é, comparada a isso, a suposição do budismo de que há mil budas, para que não fique parecendo como no cristianismo, no qual Jesus Cristo redimiu o mundo e não há salvação possível fora dele – muito embora quatro mil anos, cujos monumentos no Egito, na Ásia e na Europa aí estão, grandes e magníficos, nada tenham podido saber dele, e essas épocas, com todo seu esplendor, tenham ido indiscriminadamente para o inferno! Os muitos budas são necessários, pois o mundo vem abaixo ao final de cada *kalpa*[43], e, com ele, a doutrina, de modo que um novo mundo requer um novo buda. A salvação está sempre presente. –

Que a *civilização* se encontre em seu nível mais elevado entre os povos *cristãos* não se deve ao fato de o *cristianismo* lhe ser favorável, mas sim ao fato de que ele foi extinto e não tem mais grande influência: enquanto ainda a tinha, a civilização encontrava-se

---

43. Termo sânscrito para designar um período imensurável de tempo após o qual o mundo é aniquilado e recriado. (N.T.)

em grande atraso: na Idade Média. Em contrapartida, *islã*, *bramanismo* e *budismo* ainda têm total influência sobre a vida: em menor grau na China, razão pela qual esta civilização é bastante equivalente à europeia. Toda *religião* encontra-se em antagonismo com a cultura. –

Em séculos passados a religião era uma floresta sob cuja proteção multidões inteiras podiam manter-se e abrigar-se. A tentativa de repetir isso em nossos dias teve péssimos resultados. Pois, após tanto desmatamento, ela não passa de um matagal, dentro do qual de vez em outra se escondem vigaristas. Por isso é preciso precaver-se contra aqueles que a querem implicar em tudo e responder-lhes com o provérbio citado acima: *detrás de la cruz está el diablo*.

Coleção L&PM POCKET

425. **Amor e exílio** – Isaac Bashevis Singer
426. **Use & abuse do seu signo** – Marília Fiorillo e Marylou Simonsen
427. **Pigmaleão** – Bernard Shaw
428. **As fenícias** – Eurípides
429. **Everest** – Thomaz Brandolin
430. **A arte de furtar** – Anônimo do séc. XVI
431. **Billy Bud** – Herman Melville
432. **A rosa separada** – Pablo Neruda
433. **Elegia** – Pablo Neruda
434. **A garota de Cassidy** – David Goodis
435. **Como fazer a guerra: máximas de Napoleão** – Balzac
436. **Poemas escolhidos** – Emily Dickinson
437. **Gracias por el fuego** – Mario Benedetti
438. **O sofá** – Crébillon Fils
439. **O "Martín Fierro"** – Jorge Luis Borges
440. **Trabalhos de amor perdidos** – W. Shakespeare
441. **O melhor de Hagar 3** – Dik Browne
442. **Os Maias (volume1)** – Eça de Queiroz
443. **Os Maias (volume2)** – Eça de Queiroz
444. **Anti-Justine** – Restif de La Bretonne
445. **Juventude** – Joseph Conrad
446. **Contos** – Eça de Queiroz
447. **Um amor de Swann** – Proust
449. **À paz perpétua** – Immanuel Kant
450. **A conquista do México** – Hernan Cortez
451. **Defeitos escolhidos e 2000** – Pablo Neruda
452. **O casamento do céu e do inferno** – William Blake
453. **A primeira viagem ao redor do mundo** – Antonio Pigafetta
457. **Sartre** – Annie Cohen-Solal
458. **Discurso do método** – René Descartes
459. **Garfield em grande forma (1)** – Jim Davis
460. **Garfield está de dieta (2)** – Jim Davis
461. **O livro das feras** – Patricia Highsmith
462. **Viajante solitário** – Jack Kerouac
463. **Auto da barca do inferno** – Gil Vicente
464. **O livro vermelho dos pensamentos de Millôr** – Millôr Fernandes
465. **O livro dos abraços** – Eduardo Galeano
466. **Voltaremos!** – José Antonio Pinheiro Machado
467. **Rango** – Edgar Vasques
468(8). **Dieta mediterrânea** – Dr. Fernando Lucchese e José Antonio Pinheiro Machado
469. **Radicci 5** – Iotti
470. **Pequenos pássaros** – Anaïs Nin
471. **Guia prático do Português correto – vol.3** – Cláudio Moreno
472. **Atire no pianista** – David Goodis
473. **Antologia Poética** – García Lorca
474. **Alexandre e César** – Plutarco
475. **Uma espiã na casa do amor** – Anaïs Nin
476. **A gorda do Tiki Bar** – Dalton Trevisan
477. **Garfield um gato de peso (3)** – Jim Davis
478. **Canibais** – David Coimbra
479. **A arte de escrever** – Arthur Schopenhauer
480. **Pinóquio** – Carlo Collodi
481. **Misto-quente** – Bukowski
482. **A lua na sarjeta** – David Goodis
483. **O melhor do Recruta Zero (1)** – Mort Walker
484. **Aline: TPM – tensão pré-monstrual (2)** – Adão Iturrusgarai
485. **Sermões do Padre Antonio Vieira**
486. **Garfield numa boa (4)** – Jim Davis
487. **Mensagem** – Fernando Pessoa
488. **Vendeta** *seguido de* **A paz conjugal** – Balzac
489. **Poemas de Alberto Caeiro** – Fernando Pessoa
490. **Ferragus** – Honoré de Balzac
491. **A duquesa de Langeais** – Honoré de Balzac
492. **A menina dos olhos de ouro** – Honoré de Balzac
493. **O lírio do vale** – Honoré de Balzac
497. **A noite das bruxas** – Agatha Christie
498. **Um passe de mágica** – Agatha Christie
499. **Nêmesis** – Agatha Christie
500. **Esboço para uma teoria das emoções** – Sartre
501. **Renda básica de cidadania** – Eduardo Suplicy
502(1). **Pílulas para viver melhor** – Dr. Lucchese
503(2). **Pílulas para prolongar a juventude** – Dr. Lucchese
504(3). **Desembarcando o diabetes** – Dr. Lucchese
505(4). **Desembarcando o sedentarismo** – Dr. Fernando Lucchese e Cláudio Castro
506(5). **Desembarcando a hipertensão** – Dr. Lucchese
507(6). **Desembarcando o colesterol** – Dr. Fernando Lucchese e Fernanda Lucchese
508. **Estudos de mulher** – Balzac
509. **O terceiro tira** – Flann O'Brien
510. **100 receitas de aves e ovos** – J. A. P. Machado
511. **Garfield em toneladas de diversão (5)** – Jim Davis
512. **Trem-bala** – Martha Medeiros
513. **Os cães ladram** – Truman Capote
514. **O Kama Sutra de Vatsyayana**
515. **O crime do Padre Amaro** – Eça de Queiroz
516. **Odes de Ricardo Reis** – Fernando Pessoa
517. **O inverno da nossa desesperança** – Steinbeck
518. **Piratas do Tietê (1)** – Laerte
519. **Rê Bordosa: do começo ao fim** – Angeli
520. **O Harlem é escuro** – Chester Himes
522. **Eugénie Grandet** – Balzac
523. **O último magnata** – F. Scott Fitzgerald
524. **Carol** – Patricia Highsmith
525. **100 receitas de patisseria** – Sílvio Lancellotti
527. **Tristessa** – Jack Kerouac
528. **O diamante do tamanho do Ritz** – F. Scott Fitzgerald
529. **As melhores histórias de Sherlock Holmes** – Arthur Conan Doyle

530. **Cartas a um jovem poeta** – Rilke
532. **O misterioso sr. Quin** – Agatha Christie
533. **Os analectos** – Confúcio
536. **Ascensão e queda de César Birotteau** – Balzac
537. **Sexta-feira negra** – David Goodis
538. **Ora bolas – O humor de Mario Quintana** – Juarez Fonseca
539. **Longe daqui mesmo** – Antonio Bivar
540. **É fácil matar** – Agatha Christie
541. **O pai Goriot** – Balzac
542. **Brasil, um país do futuro** – Stefan Zweig
543. **O processo** – Kafka
544. **O melhor de Hagar 4** – Dik Browne
545. **Por que não pediram a Evans?** – Agatha Christie
546. **Fanny Hill** – John Cleland
547. **O gato por dentro** – William S. Burroughs
548. **Sobre a brevidade da vida** – Sêneca
549. **Geraldão (1)** – Glauco
550. **Piratas do Tietê (2)** – Laerte
551. **Pagando o pato** – Ciça
552. **Garfield de bom humor (6)** – Jim Davis
553. **Conhece o Mário?** vol.1 – Santiago
554. **Radicci 6** – Iotti
555. **Os subterrâneos** – Jack Kerouac
556(1). **Balzac** – François Taillandier
557(2). **Modigliani** – Christian Parisot
558(3). **Kafka** – Gérard-Georges Lemaire
559(4). **Júlio César** – Joël Schmidt
560. **Receitas da família** – J. A. Pinheiro Machado
561. **Boas maneiras à mesa** – Celia Ribeiro
562(5). **Filhos sadios, pais felizes** – R. Pagnoncelli
563(10). **Fatos & mitos** – Dr. Fernando Lucchese
564. **Ménage à trois** – Paula Taitelbaum
565. **Mulheres!** – David Coimbra
566. **Poemas de Álvaro de Campos** – Fernando Pessoa
567. **Medo e outras histórias** – Stefan Zweig
568. **Snoopy e sua turma (1)** – Schulz
569. **Piadas para sempre (1)** – Visconde da Casa Verde
570. **O alvo móvel** – Ross Macdonald
571. **O melhor do Recruta Zero (2)** – Mort Walker
572. **Um sonho americano** – Norman Mailer
573. **Os broncos também amam** – Angeli
574. **Crônica de um amor louco** – Bukowski
575(5). **Freud** – René Major e Chantal Talagrand
576(6). **Picasso** – Gilles Plazy
577(7). **Gandhi** – Christine Jordis
578. **A tumba** – H. P. Lovecraft
579. **O príncipe e o mendigo** – Mark Twain
580. **Garfield, um charme de gato (7)** – Jim Davis
581. **Ilusões perdidas** – Balzac
582. **Esplendores e misérias das cortesãs** – Balzac
583. **Walter Ego** – Angeli
584. **Striptiras (1)** – Laerte
585. **Fagundes: um puxa-saco de mão cheia** – Laerte
586. **Depois do último trem** – Josué Guimarães
587. **Ricardo III** – Shakespeare
588. **Dona Anja** – Josué Guimarães
589. **24 horas na vida de uma mulher** – Stefan Zweig
591. **Mulher no escuro** – Dashiell Hammett
592. **No que acredito** – Bertrand Russell
593. **Odisseia (1): Telemaquia** – Homero
594. **O cavalo cego** – Josué Guimarães
595. **Henrique V** – Shakespeare
596. **Fabulário geral do delírio cotidiano** – Bukowski
597. **Tiros na noite 1: A mulher do bandido** – Dashiell Hammett
598. **Snoopy em Feliz Dia dos Namorados! (2)** – Schulz
600. **Crime e castigo** – Dostoiévski
601. **Mistério no Caribe** – Agatha Christie
602. **Odisseia (2): Regresso** – Homero
603. **Piadas para sempre (2)** – Visconde da Casa Verde
604. **À sombra do vulcão** – Malcolm Lowry
605(8). **Kerouac** – Yves Buin
606. **E agora são cinzas** – Angeli
607. **As mil e uma noites** – Paulo Caruso
608. **Um assassino entre nós** – Ruth Rendell
609. **Crack-up** – F. Scott Fitzgerald
610. **Do amor** – Stendhal
611. **Cartas do Yage** – William Burroughs e Allen Ginsberg
612. **Striptiras (2)** – Laerte
613. **Henry & June** – Anaïs Nin
614. **A piscina mortal** – Ross Macdonald
615. **Geraldão (2)** – Glauco
616. **Tempo de delicadeza** – A. R. de Sant'Anna
617. **Tiros na noite 2: Medo de tiro** – Dashiell Hammett
618. **Snoopy em Assim é a vida, Charlie Brown! (3)** – Schulz
619. **1954 – Um tiro no coração** – Hélio Silva
620. **Sobre a inspiração poética (Íon)** e ... – Platão
621. **Garfield e seus amigos (8)** – Jim Davis
622. **Odisseia (3): Ítaca** – Homero
623. **A louca matança** – Chester Himes
624. **Factótum** – Bukowski
625. **Guerra e Paz: volume 1** – Tolstói
626. **Guerra e Paz: volume 2** – Tolstói
627. **Guerra e Paz: volume 3** – Tolstói
628. **Guerra e Paz: volume 4** – Tolstói
629(9). **Shakespeare** – Claude Mourthé
630. **Bem está o que bem acaba** – Shakespeare
631. **O contrato social** – Rousseau
632. **Geração Beat** – Jack Kerouac
633. **Snoopy: É Natal! (4)** – Charles Schulz
634. **Testemunha da acusação** – Agatha Christie
635. **Um elefante no caos** – Millôr Fernandes
636. **Guia de leitura (100 autores que você precisa ler)** – Organização de Léa Masina

637. **Pistoleiros também mandam flores** – David Coimbra
638. **O prazer das palavras** – vol. 1 – Cláudio Moreno
639. **O prazer das palavras** – vol. 2 – Cláudio Moreno
640. **Novíssimo testamento: com Deus e o diabo, a dupla da criação** – Iotti
641. **Literatura Brasileira: modos de usar** – Luís Augusto Fischer
642. **Dicionário de Porto-Alegrês** – Luís A. Fischer
643. **Clô Dias & Noites** – Sérgio Jockymann
644. **Memorial de Isla Negra** – Pablo Neruda
645. **Um homem extraordinário e outras histórias** – Tchékhov
646. **Ana sem terra** – Alcy Cheuiche
647. **Adultérios** – Woody Allen
651. **Snoopy: Posso fazer uma pergunta, professora? (5)** – Charles Schulz
652(10). **Luís XVI** – Bernard Vincent
653. **O mercador de Veneza** – Shakespeare
654. **Cancioneiro** – Fernando Pessoa
655. **Non-Stop** – Martha Medeiros
656. **Carpinteiros, levantem bem alto a cumeeira & Seymour, uma apresentação** – J.D.Salinger
657. **Ensaios céticos** – Bertrand Russell
658. **O melhor de Hagar 5** – Dik e Chris Browne
659. **Primeiro amor** – Ivan Turguêniev
660. **A trégua** – Mario Benedetti
661. **Um parque de diversões da cabeça** – Lawrence Ferlinghetti
662. **Aprendendo a viver** – Sêneca
663. **Garfield, um gato em apuros (9)** – Jim Davis
664. **Dilbert (1)** – Scott Adams
666. **A imaginação** – Jean-Paul Sartre
667. **O ladrão e os cães** – Naguib Mahfuz
669. **A volta do parafuso** seguido de **Daisy Miller** – Henry James
670. **Notas do subsolo** – Dostoiévski
671. **Abobrinhas da Brasilônia** – Glauco
672. **Geraldão (3)** – Glauco
673. **Piadas para sempre (3)** – Visconde da Casa Verde
674. **Duas viagens ao Brasil** – Hans Staden
676. **A arte da guerra** – Maquiavel
677. **Além do bem e do mal** – Nietzsche
678. **O coronel Chabert** seguido de **A mulher abandonada** – Balzac
679. **O sorriso de marfim** – Ross Macdonald
680. **100 receitas de pescados** – Sílvio Lancellotti
681. **O juiz e seu carrasco** – Friedrich Dürrenmatt
682. **Noites brancas** – Dostoiévski
683. **Quadras ao gosto popular** – Fernando Pessoa
685. **Kaos** – Millôr Fernandes
686. **A pele de onagro** – Balzac
687. **As ligações perigosas** – Choderlos de Laclos
689. **Os Lusíadas** – Luís Vaz de Camões
690(11). **Átila** – Éric Deschodt
691. **Um jeito tranquilo de matar** – Chester Himes
692. **A felicidade conjugal** seguido de **O diabo** – Tolstói
693. **Viagem de um naturalista ao redor do mundo** – vol. 1 – Charles Darwin
694. **Viagem de um naturalista ao redor do mundo** – vol. 2 – Charles Darwin
695. **Memórias da casa dos mortos** – Dostoiévski
696. **A Celestina** – Fernando de Rojas
697. **Snoopy: Como você é azarado, Charlie Brown! (6)** – Charles Schulz
698. **Dez (quase) amores** – Claudia Tajes
699. **Poirot sempre espera** – Agatha Christie
701. **Apologia de Sócrates** precedido de **Êutifron** e seguido de **Críton** – Platão
702. **Wood & Stock** – Angeli
703. **Striptiras (3)** – Laerte
704. **Discurso sobre a origem e os fundamentos da desigualdade entre os homens** – Rousseau
705. **Os duelistas** – Joseph Conrad
706. **Dilbert (2)** – Scott Adams
707. **Viver e escrever (vol. 1)** – Edla van Steen
708. **Viver e escrever (vol. 2)** – Edla van Steen
709. **Viver e escrever (vol. 3)** – Edla van Steen
710. **A teia da aranha** – Agatha Christie
711. **O banquete** – Platão
712. **Os belos e malditos** – F. Scott Fitzgerald
713. **Libelo contra a arte moderna** – Salvador Dalí
714. **Akropolis** – Valerio Massimo Manfredi
715. **Devoradores de mortos** – Michael Crichton
716. **Sob o sol da Toscana** – Frances Mayes
717. **Batom na cueca** – Nani
718. **Vida dura** – Claudia Tajes
719. **Carne trêmula** – Ruth Rendell
720. **Cris, a fera** – David Coimbra
721. **O anticristo** – Nietzsche
722. **Como um romance** – Daniel Pennac
723. **Emboscada no Forte Bragg** – Tom Wolfe
724. **Assédio sexual** – Michael Crichton
725. **O espírito do Zen** – Alan W.Watts
726. **Um bonde chamado desejo** – Tennessee Williams
727. **Como gostais** seguido de **Conto de inverno** – Shakespeare
728. **Tratado sobre a tolerância** – Voltaire
729. **Snoopy: Doces ou travessuras? (7)** – Charles Schulz
730. **Cardápios do Anonymus Gourmet** – J.A. Pinheiro Machado
731. **100 receitas com lata** – J.A. Pinheiro Machado
732. **Conhece o Mário?** vol.2 – Santiago
733. **Dilbert (3)** – Scott Adams
734. **História de um louco amor** seguido de **Passado amor** – Horacio Quiroga
735(11). **Sexo: muito prazer** – Laura Meyer da Silva
736(12). **Para entender o adolescente** – Dr. Ronald Pagnoncelli
737(13). **Desembarcando a tristeza** – Dr. Fernando Lucchese
738. **Poirot e o mistério da arca espanhola & outras histórias** – Agatha Christie
739. **A última legião** – Valerio Massimo Manfredi
741. **Sol nascente** – Michael Crichton

742. **Duzentos ladrões** – Dalton Trevisan
743. **Os devaneios do caminhante solitário** – Rousseau
744. **Garfield, o rei da preguiça (10)** – Jim Davis
745. **Os magnatas** – Charles R. Morris
746. **Pulp** – Charles Bukowski
747. **Enquanto agonizo** – William Faulkner
748. **Aline: viciada em sexo (3)** – Adão Iturrusgarai
749. **A dama do cachorrinho** – Anton Tchékhov
750. **Tito Andrônico** – Shakespeare
751. **Antologia poética** – Anna Akhmátova
752. **O melhor de Hagar 6** – Dik e Chris Browne
753(12). **Michelangelo** – Nadine Sautel
754. **Dilbert (4)** – Scott Adams
755. **O jardim das cerejeiras** seguido de **Tio Vânia** – Tchékhov
756. **Geração Beat** – Claudio Willer
757. **Santos Dumont** – Alcy Cheuiche
758. **Budismo** – Claude B. Levenson
759. **Cleópatra** – Christian-Georges Schwentzel
760. **Revolução Francesa** – Frédéric Bluche, Stéphane Rials e Jean Tulard
761. **A crise de 1929** – Bernard Gazier
762. **Sigmund Freud** – Edson Sousa e Paulo Endo
763. **Império Romano** – Patrick Le Roux
764. **Cruzadas** – Cécile Morrisson
765. **O mistério do Trem Azul** – Agatha Christie
768. **Senso comum** – Thomas Paine
769. **O parque dos dinossauros** – Michael Crichton
770. **Trilogia da paixão** – Goethe
773. **Snoopy: No mundo da lua! (8)** – Charles Schulz
774. **Os Quatro Grandes** – Agatha Christie
775. **Um brinde de cianureto** – Agatha Christie
776. **Súplicas atendidas** – Truman Capote
779. **A viúva imortal** – Millôr Fernandes
780. **Cabala** – Roland Goetschel
781. **Capitalismo** – Claude Jessua
782. **Mitologia grega** – Pierre Grimal
783. **Economia: 100 palavras-chave** – Jean-Paul Betbèze
784. **Marxismo** – Henri Lefebvre
785. **Punição para a inocência** – Agatha Christie
786. **A extravagância do morto** – Agatha Christie
787(13). **Cézanne** – Bernard Fauconnier
788. **A identidade Bourne** – Robert Ludlum
789. **Da tranquilidade da alma** – Sêneca
790. **Um artista da fome** seguido de **Na colônia penal e outras histórias** – Kafka
791. **Histórias de fantasmas** – Charles Dickens
796. **O Uraguai** – Basílio da Gama
797. **A mão misteriosa** – Agatha Christie
798. **Testemunha ocular do crime** – Agatha Christie
799. **Crepúsculo dos ídolos** – Friedrich Nietzsche
802. **O grande golpe** – Dashiell Hammett
803. **Humor barra pesada** – Nani
804. **Vinho** – Jean-François Gautier
805. **Egito Antigo** – Sophie Desplancques
806(14). **Baudelaire** – Jean-Baptiste Baronian
807. **Caminho da sabedoria, caminho da paz** – Dalai Lama e Felizitas von Schönborn
808. **Senhor e servo e outras histórias** – Tolstói
809. **Os cadernos de Malte Laurids Brigge** – Rilke
810. **Dilbert (5)** – Scott Adams
811. **Big Sur** – Jack Kerouac
812. **Seguindo a correnteza** – Agatha Christie
813. **O álibi** – Sandra Brown
814. **Montanha-russa** – Martha Medeiros
815. **Coisas da vida** – Martha Medeiros
816. **A cantada infalível** seguido de **A mulher do centroavante** – David Coimbra
819. **Snoopy: Pausa para a soneca (9)** – Charles Schulz
820. **De pernas pro ar** – Eduardo Galeano
821. **Tragédias gregas** – Pascal Thiercy
822. **Existencialismo** – Jacques Colette
823. **Nietzsche** – Jean Granier
824. **Amar ou depender?** – Walter Riso
825. **Darmapada: A doutrina budista em versos**
826. **J'Accuse...!** – **a verdade em marcha** – Zola
827. **Os crimes ABC** – Agatha Christie
828. **Um gato entre os pombos** – Agatha Christie
831. **Dicionário de teatro** – Luiz Paulo Vasconcellos
832. **Cartas extraviadas** – Martha Medeiros
833. **A longa viagem de prazer** – J. J. Morosoli
834. **Receitas fáceis** – J. A. Pinheiro Machado
835(14). **Mais fatos & mitos** – Dr. Fernando Lucchese
836(15). **Boa viagem!** – Dr. Fernando Lucchese
837. **Aline: Finalmente nua!!! (4)** – Adão Iturrusgarai
838. **Mônica tem uma novidade!** – Mauricio de Sousa
839. **Cebolinha em apuros!** – Mauricio de Sousa
840. **Sócios no crime** – Agatha Christie
841. **Bocas do tempo** – Eduardo Galeano
842. **Orgulho e preconceito** – Jane Austen
843. **Impressionismo** – Dominique Lobstein
844. **Escrita chinesa** – Viviane Alleton
845. **Paris: uma história** – Yvan Combeau
846(15). **Van Gogh** – David Haziot
848. **Portal do destino** – Agatha Christie
849. **O futuro de uma ilusão** – Freud
850. **O mal-estar na cultura** – Freud
853. **Um crime adormecido** – Agatha Christie
854. **Satori em Paris** – Jack Kerouac
855. **Medo e delírio em Las Vegas** – Hunter Thompson
856. **Um negócio fracassado e outros contos de humor** – Tchékhov
857. **Mônica está de férias!** – Mauricio de Sousa
858. **De quem é esse coelho?** – Mauricio de Sousa
860. **O mistério Sittaford** – Agatha Christie
861. **Manhã transfigurada** – L. A. de Assis Brasil
862. **Alexandre, o Grande** – Pierre Briant
863. **Jesus** – Charles Perrot
864. **Islã** – Paul Balta
865. **Guerra da Secessão** – Farid Ameur
866. **Um rio que vem da Grécia** – Cláudio Moreno
868. **Assassinato na casa do pastor** – Agatha Christie
869. **Manual do líder** – Napoleão Bonaparte
870(16). **Billie Holiday** – Sylvia Fol

871. **Bidu arrasando!** – Mauricio de Sousa
872. **Os Sousa: Desventuras em família** – Mauricio de Sousa
874. **E no final a morte** – Agatha Christie
875. **Guia prático do Português correto – vol. 4** – Cláudio Moreno
876. **Dilbert (6)** – Scott Adams
877.(17).**Leonardo da Vinci** – Sophie Chauveau
878. **Bella Toscana** – Frances Mayes
879. **A arte da ficção** – David Lodge
880. **Striptiras (4)** – Laerte
881. **Skrotinhos** – Angeli
882. **Depois do funeral** – Agatha Christie
883. **Radicci 7** – Iotti
884. **Walden** – H. D. Thoreau
885. **Lincoln** – Allen C. Guelzo
886. **Primeira Guerra Mundial** – Michael Howard
887. **A linha de sombra** – Joseph Conrad
888. **O amor é um cão dos diabos** – Bukowski
890. **Despertar: uma vida de Buda** – Jack Kerouac
891.(18).**Albert Einstein** – Laurent Seksik
892. **Hell's Angels** – Hunter Thompson
893. **Ausência na primavera** – Agatha Christie
894. **Dilbert (7)** – Scott Adams
895. **Ao sul de lugar nenhum** – Bukowski
896. **Maquiavel** – Quentin Skinner
897. **Sócrates** – C.C.W. Taylor
899. **O Natal de Poirot** – Agatha Christie
900. **As veias abertas da América Latina** – Eduardo Galeano
901. **Snoopy: Sempre alerta! (10)** – Charles Schulz
902. **Chico Bento: Plantando confusão** – Mauricio de Sousa
903. **Penadinho: Quem é morto sempre aparece** – Mauricio de Sousa
904. **A vida sexual da mulher feia** – Claudia Tajes
905. **100 segredos de liquidificador** – José Antonio Pinheiro Machado
906. **Sexo muito prazer 2** – Laura Meyer da Silva
907. **Os nascimentos** – Eduardo Galeano
908. **As caras e as máscaras** – Eduardo Galeano
909. **O século do vento** – Eduardo Galeano
910. **Poirot perde uma cliente** – Agatha Christie
911. **Cérebro** – Michael O'Shea
912. **O escaravelho de ouro e outras histórias** – Edgar Allan Poe
913. **Piadas para sempre (4)** – Visconde da Casa Verde
914. **100 receitas de massas light** – Helena Tonetto
915.(19).**Oscar Wilde** – Daniel Salvatore Schiffer
916. **Uma breve história do mundo** – H. G. Wells
917. **A Casa do Penhasco** – Agatha Christie
919. **John M. Keynes** – Bernard Gazier
920.(20).**Virginia Woolf** – Alexandra Lemasson
921. **Peter e Wendy** *seguido de* **Peter Pan em Kensington Gardens** – J. M. Barrie
922. **Aline: numas de colegial (5)** – Adão Iturrusgarai
923. **Uma dose mortal** – Agatha Christie
924. **Os trabalhos de Hércules** – Agatha Christie
926. **Kant** – Roger Scruton
927. **A inocência do Padre Brown** – G.K. Chesterton
928. **Casa Velha** – Machado de Assis
929. **Marcas de nascença** – Nancy Huston
930. **Aulete de bolso**
931. **Hora Zero** – Agatha Christie
932. **Morte na Mesopotâmia** – Agatha Christie
934. **Nem te conto, João** – Dalton Trevisan
935. **As aventuras de Huckleberry Finn** – Mark Twain
936.(21).**Marilyn Monroe** – Anne Plantagenet
937. **China moderna** – Rana Mitter
938. **Dinossauros** – David Norman
939. **Louca por homem** – Claudia Tajes
940. **Amores de alto risco** – Walter Riso
941. **Jogo de damas** – David Coimbra
942. **Filha é filha** – Agatha Christie
943. **M ou N?** – Agatha Christie
945. **Bidu: diversão em dobro!** – Mauricio de Sousa
946. **Fogo** – Anaïs Nin
947. **Rum: diário de um jornalista bêbado** – Hunter Thompson
948. **Persuasão** – Jane Austen
949. **Lágrimas na chuva** – Sergio Faraco
950. **Mulheres** – Bukowski
951. **Um pressentimento funesto** – Agatha Christie
952. **Cartas na mesa** – Agatha Christie
954. **O lobo do mar** – Jack London
955. **Os gatos** – Patricia Highsmith
956.(22).**Jesus** – Christiane Rancé
957. **História da medicina** – William Bynum
958. **O Morro dos Ventos Uivantes** – Emily Brontë
959. **A filosofia na era trágica dos gregos** – Nietzsche
960. **Os treze problemas** – Agatha Christie
961. **A massagista japonesa** – Moacyr Scliar
963. **Humor do miserê** – Nani
964. **Todo o mundo tem dúvida, inclusive você** – Édison de Oliveira
965. **A dama do Bar Nevada** – Sergio Faraco
969. **O psicopata americano** – Bret Easton Ellis
970. **Ensaios de amor** – Alain de Botton
971. **O grande Gatsby** – F. Scott Fitzgerald
972. **Por que não sou cristão** – Bertrand Russell
973. **A Casa Torta** – Agatha Christie
974. **Encontro com a morte** – Agatha Christie
975.(23).**Rimbaud** – Jean-Baptiste Baronian
976. **Cartas na rua** – Bukowski
977. **Memória** – Jonathan K. Foster
978. **A abadia de Northanger** – Jane Austen
979. **As pernas de Úrsula** – Claudia Tajes
980. **Retrato inacabado** – Agatha Christie
981. **Solanin (1)** – Inio Asano
982. **Solanin (2)** – Inio Asano
983. **Aventuras de menino** – Mitsuru Adachi
984.(16).**Fatos & mitos sobre sua alimentação** – Dr. Fernando Lucchese
985. **Teoria quântica** – John Polkinghorne
986. **O eterno marido** – Fiódor Dostoiévski

987. **Um safado em Dublin** – J. P. Donleavy
988. **Mirinha** – Dalton Trevisan
989. **Akhenaton e Nefertiti** – Carmen Seganfredo e A. S. Franchini
990. **On the Road – o manuscrito original** – Jack Kerouac
991. **Relatividade** – Russell Stannard
992. **Abaixo de zero** – Bret Easton Ellis
993. (24). **Andy Warhol** – Mériam Korichi
995. **Os últimos casos de Miss Marple** – Agatha Christie
996. **Nico Demo: Aí vem encrenca** – Mauricio de Sousa
998. **Rousseau** – Robert Wokler
999. **Noite sem fim** – Agatha Christie
1000. **Diários de Andy Warhol (1)** – Editado por Pat Hackett
1001. **Diários de Andy Warhol (2)** – Editado por Pat Hackett
1002. **Cartier-Bresson: o olhar do século** – Pierre Assouline
1003. **As melhores histórias da mitologia: vol. 1** – A.S. Franchini e Carmen Seganfredo
1004. **As melhores histórias da mitologia: vol. 2** – A.S. Franchini e Carmen Seganfredo
1005. **Assassinato no beco** – Agatha Christie
1006. **Convite para um homicídio** – Agatha Christie
1008. **História da vida** – Michael J. Benton
1009. **Jung** – Anthony Stevens
1010. **Arsène Lupin, ladrão de casaca** – Maurice Leblanc
1011. **Dublinenses** – James Joyce
1012. **120 tirinhas da Turma da Mônica** – Mauricio de Sousa
1013. **Antologia poética** – Fernando Pessoa
1014. **A aventura de um cliente ilustre seguido de O último adeus de Sherlock Holmes** – Sir Arthur Conan Doyle
1015. **Cenas de Nova York** – Jack Kerouac
1016. **A corista** – Anton Tchékhov
1017. **O diabo** – Leon Tolstói
1018. **Fábulas chinesas** – Sérgio Capparelli e Márcia Schmaltz
1019. **O gato do Brasil** – Sir Arthur Conan Doyle
1020. **Missa do Galo** – Machado de Assis
1021. **O mistério de Marie Rogêt** – Edgar Allan Poe
1022. **A mulher mais linda da cidade** – Bukowski
1023. **O retrato** – Nicolai Gogol
1024. **O conflito** – Agatha Christie
1025. **Os primeiros casos de Poirot** – Agatha Christie
1027. (25). **Beethoven** – Bernard Fauconnier
1028. **Platão** – Julia Annas
1029. **Cleo e Daniel** – Roberto Freire
1030. **Til** – José de Alencar
1031. **Viagens na minha terra** – Almeida Garrett
1032. **Profissões para mulheres e outros artigos feministas** – Virginia Woolf
1033. **Mrs. Dalloway** – Virginia Woolf
1034. **O cão da morte** – Agatha Christie
1035. **Tragédia em três atos** – Agatha Christie
1037. **O fantasma da Ópera** – Gaston Leroux
1038. **Evolução** – Brian e Deborah Charlesworth
1039. **Medida por medida** – Shakespeare
1040. **Razão e sentimento** – Jane Austen
1041. **A obra-prima ignorada seguido de Um episódio durante o Terror** – Balzac
1042. **A fugitiva** – Anaïs Nin
1043. **As grandes histórias da mitologia greco-romana** – A. S. Franchini
1044. **O corno de si mesmo & outras historietas** – Marquês de Sade
1045. **Da felicidade seguido de Da vida retirada** – Sêneca
1046. **O horror em Red Hook e outras histórias** – H. P. Lovecraft
1047. **Noite em claro** – Martha Medeiros
1048. **Poemas clássicos chineses** – Li Bai, Du Fu e Wang Wei
1049. **A terceira moça** – Agatha Christie
1050. **Um destino ignorado** – Agatha Christie
1051. (26). **Buda** – Sophie Royer
1052. **Guerra Fria** – Robert J. McMahon
1053. **Simons's Cat: as aventuras de um gato travesso e comilão – vol. 1** – Simon Tofield
1054. **Simons's Cat: as aventuras de um gato travesso e comilão – vol. 2** – Simon Tofield
1055. **Só as mulheres e as baratas sobreviverão** – Claudia Tajes
1057. **Pré-história** – Chris Gosden
1058. **Pintou sujeira!** – Mauricio de Sousa
1059. **Contos de Mamãe Gansa** – Charles Perrault
1060. **A interpretação dos sonhos: vol. 1** – Freud
1061. **A interpretação dos sonhos: vol. 2** – Freud
1062. **Frufru Rataplã Dolores** – Dalton Trevisan
1063. **As melhores histórias da mitologia egípcia** – Carmem Seganfredo e A.S. Franchini
1064. **Infância. Adolescência. Juventude** – Tolstói
1065. **As consolações da filosofia** – Alain de Botton
1066. **Diários de Jack Kerouac – 1947-1954**
1067. **Revolução Francesa – vol. 1** – Max Gallo
1068. **Revolução Francesa – vol. 2** – Max Gallo
1069. **O detetive Parker Pyne** – Agatha Christie
1070. **Memórias do esquecimento** – Flávio Tavares
1071. **Drogas** – Leslie Iversen
1072. **Manual de ecologia (vol.2)** – J. Lutzenberger
1073. **Como andar no labirinto** – Affonso Romano de Sant'Anna
1074. **A orquídea e o serial killer** – Juremir Machado da Silva
1075. **Amor nos tempos de fúria** – Lawrence Ferlinghetti
1076. **A aventura do pudim de Natal** – Agatha Christie
1078. **Amores que matam** – Patricia Faur
1079. **Histórias de pescador** – Mauricio de Sousa
1080. **Pedaços de um caderno manchado de vinho** – Bukowski
1081. **A ferro e fogo: tempo de solidão (vol.1)** – Josué Guimarães

1082. **A ferro e fogo: tempo de guerra (vol.2)** – Josué Guimarães
1084(17). **Desembarcando o Alzheimer** – Dr. Fernando Lucchese e Dra. Ana Hartmann
1085. **A maldição do espelho** – Agatha Christie
1086. **Uma breve história da filosofia** – Nigel Warburton
1088. **Heróis da História** – Will Durant
1089. **Concerto campestre** – L. A. de Assis Brasil
1090. **Morte nas nuvens** – Agatha Christie
1092. **Aventura em Bagdá** – Agatha Christie
1093. **O cavalo amarelo** – Agatha Christie
1094. **O método de interpretação dos sonhos** – Freud
1095. **Sonetos de amor e desamor** – Vários
1096. **120 tirinhas do Dilbert** – Scott Adams
1097. **200 fábulas de Esopo**
1098. **O curioso caso de Benjamin Button** – F. Scott Fitzgerald
1099. **Piadas para sempre: uma antologia para morrer de rir** – Visconde da Casa Verde
1100. **Hamlet (Mangá)** – Shakespeare
1101. **A arte da guerra (Mangá)** – Sun Tzu
1104. **As melhores histórias da Bíblia (vol.1)** – A. S. Franchini e Carmen Seganfredo
1105. **As melhores histórias da Bíblia (vol.2)** – A. S. Franchini e Carmen Seganfredo
1106. **Psicologia das massas e análise do eu** – Freud
1107. **Guerra Civil Espanhola** – Helen Graham
1108. **A autoestrada do sul e outras histórias** – Julio Cortázar
1109. **O mistério dos sete relógios** – Agatha Christie
1110. **Peanuts: Ninguém gosta de mim... (amor)** – Charles Schulz
1111. **Cadê o bolo?** – Mauricio de Sousa
1112. **O filósofo ignorante** – Voltaire
1113. **Totem e tabu** – Freud
1114. **Filosofia pré-socrática** – Catherine Osborne
1115. **Desejo de status** – Alain de Botton
1118. **Passageiro para Frankfurt** – Agatha Christie
1120. **Kill All Enemies** – Melvin Burgess
1121. **A morte da sra. McGinty** – Agatha Christie
1122. **Revolução Russa** – S. A. Smith
1123. **Até você, Capitu?** – Dalton Trevisan
1124. **O grande Gatsby (Mangá)** – F. S. Fitzgerald
1125. **Assim falou Zaratustra (Mangá)** – Nietzsche
1126. **Peanuts: É para isso que servem os amigos (amizade)** – Charles Schulz
1127(27). **Nietzsche** – Dorian Astor
1128. **Bidu: Hora do banho** – Mauricio de Sousa
1129. **O melhor do Macanudo Taurino** – Santiago
1130. **Radicci 30 anos** – Iotti
1131. **Show de sabores** – J.A. Pinheiro Machado
1132. **O prazer das palavras** – vol. 3 – Cláudio Moreno
1133. **Morte na praia** – Agatha Christie
1134. **O fardo** – Agatha Christie
1135. **Manifesto do Partido Comunista (Mangá)** – Marx & Engels
1136. **A metamorfose (Mangá)** – Franz Kafka
1137. **Por que você não se casou... ainda** – Tracy McMillan
1138. **Textos autobiográficos** – Bukowski
1139. **A importância de ser prudente** – Oscar Wilde
1140. **Sobre a vontade na natureza** – Arthur Schopenhauer
1141. **Dilbert (8)** – Scott Adams
1142. **Entre dois amores** – Agatha Christie
1143. **Cipreste triste** – Agatha Christie
1144. **Alguém viu uma assombração?** – Mauricio de Sousa
1145. **Mandela** – Elleke Boehmer
1146. **Retrato do artista quando jovem** – James Joyce
1147. **Zadig ou o destino** – Voltaire
1148. **O contrato social (Mangá)** – J.-J. Rousseau
1149. **Garfield fenomenal** – Jim Davis
1150. **A queda da América** – Allen Ginsberg
1151. **Música na noite & outros ensaios** – Aldous Huxley
1152. **Poesias inéditas & Poemas dramáticos** – Fernando Pessoa
1153. **Peanuts: Felicidade é...** – Charles M. Schulz
1154. **Mate-me por favor** – Legs McNeil e Gillian McCain
1155. **Assassinato no Expresso Oriente** – Agatha Christie
1156. **Um punhado de centeio** – Agatha Christie
1157. **A interpretação dos sonhos (Mangá)** – Freud
1158. **Peanuts: Você não entende o sentido da vida** – Charles M. Schulz
1159. **A dinastia Rothschild** – Herbert R. Lottman
1160. **A Mansão Hollow** – Agatha Christie
1161. **Nas montanhas da loucura** – H.P. Lovecraft
1162(28). **Napoleão Bonaparte** – Pascale Fautrier
1163. **Um corpo na biblioteca** – Agatha Christie
1164. **Inovação** – Mark Dodgson e David Gann
1165. **O que toda mulher deve saber sobre os homens: a afetividade masculina** – Walter Riso
1166. **O amor está no ar** – Mauricio de Sousa
1167. **Testemunha de acusação & outras histórias** – Agatha Christie
1168. **Etiqueta de bolso** – Celia Ribeiro
1169. **Poesia reunida (volume 3)** – Affonso Romano de Sant'Anna
1170. **Emma** – Jane Austen
1171. **Que seja em segredo** – Ana Miranda
1172. **Garfield sem appetite** – Jim Davis
1173. **Garfield: Foi mal...** – Jim Davis
1174. **Os irmãos Karamázov (Mangá)** – Dostoiévski
1175. **O Pequeno Príncipe** – Antoine de Saint-Exupéry
1176. **Peanuts: Ninguém mais tem o espírito aventureiro** – Charles M. Schulz
1177. **Assim falou Zaratustra** – Nietzsche
1178. **Morte no Nilo** – Agatha Christie
1179. **Ê, soneca boa** – Mauricio de Sousa
1180. **Garfield a todo o vapor** – Jim Davis
1181. **Em busca do tempo perdido (Mangá)** – Proust

1182. **Cai o pano: o último caso de Poirot** – Agatha Christie
1183. **Livro para colorir e relaxar** – Livro 1
1184. **Para colorir sem parar**
1185. **Os elefantes não esquecem** – Agatha Christie
1186. **Teoria da relatividade** – Albert Einstein
1187. **Compêndio da psicanálise** – Freud
1188. **Visões de Gerard** – Jack Kerouac
1189. **Fim de verão** – Mohiro Kitoh
1190. **Procurando diversão** – Mauricio de Sousa
1191. **E não sobrou nenhum e outras peças** – Agatha Christie
1192. **Ansiedade** – Daniel Freeman & Jason Freeman
1193. **Garfield: pausa para o almoço** – Jim Davis
1194. **Contos do dia e da noite** – Guy de Maupassant
1195. **O melhor de Hagar 7** – Dik Browne
1196.(29).**Lou Andreas-Salomé** – Dorian Astor
1197.(30).**Pasolini** – René de Ceccatty
1198. **O caso do Hotel Bertram** – Agatha Christie
1199. **Crônicas de motel** – Sam Shepard
1200. **Pequena filosofia da paz interior** – Catherine Rambert
1201. **Os sertões** – Euclides da Cunha
1202. **Treze à mesa** – Agatha Christie
1203. **Bíblia** – John Riches
1204. **Anjos** – David Albert Jones
1205. **As tirinhas do Guri de Uruguaiana 1** – Jair Kobe
1206. **Entre aspas (vol.1)** – Fernando Eichenberg
1207. **Escrita** – Andrew Robinson
1208. **O spleen de Paris: pequenos poemas em prosa** – Charles Baudelaire
1209. **Satíricon** – Petrônio
1210. **O avarento** – Molière
1211. **Queimando na água, afogando-se na chama** – Bukowski
1212. **Miscelânea septuagenária: contos e poemas** – Bukowski
1213. **Que filosofar é aprender a morrer e outros ensaios** – Montaigne
1214. **Da amizade e outros ensaios** – Montaigne
1215. **O medo à espreita e outras histórias** – H.P. Lovecraft
1216. **A obra de arte na era de sua reprodutibilidade técnica** – Walter Benjamin
1217. **Sobre a liberdade** – John Stuart Mill
1218. **O segredo de Chimneys** – Agatha Christie
1219. **Morte na rua Hickory** – Agatha Christie
1220. **Ulisses (Mangá)** – James Joyce
1221. **Ateísmo** – Julian Baggini
1222. **Os melhores contos de Katherine Mansfield** – Katherine Mansfied
1223.(31).**Martin Luther King** – Alain Foix
1224. **Millôr Definitivo: uma antologia de *A Bíblia do Caos*** – Millôr Fernandes
1225. **O Clube das Terças-Feiras e outras histórias** – Agatha Christie
1226. **Por que sou tão sábio** – Nietzsche
1227. **Sobre a mentira** – Platão
1228. **Sobre a leitura *seguido do* Depoimento de Céleste Albaret** – Proust
1229. **O homem do terno marrom** – Agatha Christie
1230.(32).**Jimi Hendrix** – Franck Médioni
1231. **Amor e amizade e outras histórias** – Jane Austen
1232. **Lady Susan, Os Watson e Sanditon** – Jane Austen
1233. **Uma breve história da ciência** – William Bynum
1234. **Macunaíma: o herói sem nenhum caráter** – Mário de Andrade
1235. **A máquina do tempo** – H.G. Wells
1236. **O homem invisível** – H.G. Wells
1237. **Os 36 estratagemas: manual secreto da arte da guerra** – Anônimo
1238. **A mina de ouro e outras histórias** – Agatha Christie
1239. **Pic** – Jack Kerouac
1240. **O habitante da escuridão e outros contos** – H.P. Lovecraft
1241. **O chamado de Cthulhu e outros contos** – H.P. Lovecraft
1242. **O melhor de Meu reino por um cavalo!** – Edição de Ivan Pinheiro Machado
1243. **A guerra dos mundos** – H.G. Wells
1244. **O caso da criada perfeita e outras histórias** – Agatha Christie
1245. **Morte por afogamento e outras histórias** – Agatha Christie
1246. **Assassinato no Comitê Central** – Manuel Vázquez Montalbán
1247. **O papai é pop** – Marcos Piangers
1248. **O papai é pop 2** – Marcos Piangers
1249. **A mamãe é rock** – Ana Cardoso
1250. **Paris boêmia** – Dan Franck
1251. **Paris libertária** – Dan Franck
1252. **Paris ocupada** – Dan Franck
1253. **Uma anedota infame** – Dostoiévski
1254. **O último dia de um condenado** – Victor Hugo
1255. **Nem só de caviar vive o homem** – J.M. Simmel
1256. **Amanhã é outro dia** – J.M. Simmel
1257. **Mulherzinhas** – Louisa May Alcott
1258. **Reforma Protestante** – Peter Marshall
1259. **História econômica global** – Robert C. Allen
1260.(33).**Che Guevara** – Alain Foix
1261. **Câncer** – Nicholas James
1262. **Akhenaton** – Agatha Christie
1263. **Aforismos para a sabedoria de vida** – Arthur Schopenhauer
1264. **Uma história do mundo** – David Coimbra
1265. **Ame e não sofra** – Walter Riso
1266. **Desapegue-se!** – Walter Riso
1267. **Os Sousa: Uma família do barulho** – Mauricio de Sousa
1268. **Nico Demo: O rei da travessura** – Mauricio de Sousa
1269. **Testemunha de acusação e outras peças** – Agatha Christie
1270.(34).**Dostoiévski** – Virgil Tanase
1271. **O melhor de Hagar 8** – Dik Browne

1272. **O melhor de Hagar 9** – Dik Browne
1273. **O melhor de Hagar 10** – Dik e Chris Browne
1274. **Considerações sobre o governo representativo** – John Stuart Mill
1275. **O homem Moisés e a religião monoteísta** – Freud
1276. **Inibição, sintoma e medo** – Freud
1277. **Além do princípio de prazer** – Freud
1278. **O direito de dizer não!** – Walter Riso
1279. **A arte de ser flexível** – Walter Riso
1280. **Casados e descasados** – August Strindberg
1281. **Da Terra à Lua** – Júlio Verne
1282. **Minhas galerias e meus pintores** – Kahnweiler
1283. **A arte do romance** – Virginia Woolf
1284. **Teatro completo v. 1: As aves da noite** *seguido de* **O visitante** – Hilda Hilst
1285. **Teatro completo v. 2: O verdugo** *seguido de* **A morte do patriarca** – Hilda Hilst
1286. **Teatro completo v. 3: O rato no muro** *seguido de* **Auto da barca de Camiri** – Hilda Hilst
1287. **Teatro completo v. 4: A empresa** *seguido de* **O novo sistema** – Hilda Hilst
1289. **Fora de mim** – Martha Medeiros
1290. **Divã** – Martha Medeiros
1291. **Sobre a genealogia da moral: um escrito polêmico** – Nietzsche
1292. **A consciência de Zeno** – Italo Svevo
1293. **Células-tronco** – Jonathan Slack
1294. **O fim do ciúme e outros contos** – Proust
1295. **A jangada** – Júlio Verne
1296. **A ilha do dr. Moreau** – H.G. Wells
1297. **Ninho de fidalgos** – Ivan Turguêniev
1298. **Jane Eyre** – Charlotte Brontë
1299. **Sobre gatos** – Bukowski
1300. **Sobre o amor** – Bukowski
1301. **Escrever para não enlouquecer** – Bukowski
1302. **222 receitas** – J. A. Pinheiro Machado
1303. **Reinações de Narizinho** – Monteiro Lobato
1304. **O Saci** – Monteiro Lobato
1305. **Memórias da Emília** – Monteiro Lobato
1306. **O Picapau Amarelo** – Monteiro Lobato
1307. **A reforma da Natureza** – Monteiro Lobato
1308. **Fábulas** *seguido de* **Histórias diversas** – Monteiro Lobato
1309. **Aventuras de Hans Staden** – Monteiro Lobato
1310. **Peter Pan** – Monteiro Lobato
1311. **Dom Quixote das crianças** – Monteiro Lobato
1312. **O Minotauro** – Monteiro Lobato
1313. **Um quarto só seu** – Virginia Woolf
1314. **Sonetos** – Shakespeare
1315(35). **Thoreau** – Marie Berthoumieu e Laura El Makki
1316. **Teoria da arte** – Cynthia Freeland
1317. **A arte da prudência** – Baltasar Gracián
1318. **O louco** *seguido de* **Areia e espuma** – Khalil Gibran
1319. **O profeta** *seguido de* **O jardim do profeta** – Khalil Gibran
1320. **Jesus, o Filho do Homem** – Khalil Gibran
1321. **A luta** – Norman Mailer
1322. **Sobre o sofrimento do mundo e outros ensaios** – Schopenhauer
1323. **Epidemiologia** – Rodolfo Sacacci
1324. **Japão moderno** – Christopher Goto-Jones
1325. **A arte da meditação** – Matthieu Ricard
1326. **O adversário secreto** – Agatha Christie
1327. **Pollyanna** – Eleanor H. Porter
1328. **Espelhos** – Eduardo Galeano
1329. **A Vênus das peles** – Sacher-Masoch
1330. **O 18 de brumário de Luís Bonaparte** – Karl Marx
1331. **Um jogo para os vivos** – Patricia Highsmith
1332. **A tristeza pode esperar** – J.J. Camargo
1333. **Vinte poemas de amor e uma canção desesperada** – Pablo Neruda
1334. **Judaísmo** – Norman Solomon
1335. **Esquizofrenia** – Christopher Frith & Eve Johnstone
1336. **Seis personagens em busca de um autor** – Luigi Pirandello
1337. **A Fazenda dos Animais** – George Orwell
1338. **1984** – George Orwell
1339. **Ubu Rei** – Alfred Jarry
1340. **Sobre bêbados e bebidas** – Bukowski
1341. **Tempestade para os vivos e para os mortos** – Bukowski
1342. **Complicado** – Natsume Ono
1343. **Sobre o livre-arbítrio** – Schopenhauer
1344. **Uma breve história da literatura** – John Sutherland
1345. **Você fica tão sozinho às vezes que até faz sentido** – Bukowski
1346. **Um apartamento em Paris** – Guillaume Musso
1347. **Receitas fáceis e saborosas** – José Antonio Pinheiro Machado
1348. **Por que engordamos** – Gary Taubes
1349. **A fabulosa história do hospital** – Jean-Noël Fabiani
1350. **Voo noturno** *seguido de* **Terra dos homens** – Antoine de Saint-Exupéry
1351. **Doutor Sax** – Jack Kerouac
1352. **O livro do Tao e da virtude** – Lao-Tsé
1353. **Pista negra** – Antonio Manzini
1354. **A chave de vidro** – Dashiell Hammett
1355. **Martin Eden** – Jack London
1356. **Já te disse adeus, e agora, como te esqueço?** – Walter Riso
1357. **A viagem do descobrimento** – Eduardo Bueno
1358. **Náufragos, traficantes e degredados** – Eduardo Bueno
1359. **O retrato do Brasil** – Paulo Prado
1360. **Maravilhosamente imperfeito, escandalosamente feliz** – Walter Riso

lepmeditores
www.lpm.com.br
o site que conta tudo

IMPRESSÃO:

PALLOTTI
GRÁFICA

Santa Maria - RS | Fone: (55) 3220.4500
www.graficapallotti.com.br